THE IDEA OF
THE UNIVERSITY

大学之理念

〔德〕卡尔·雅斯贝尔斯 著

邱立波 译

商务印书馆
The Commercial Press

KARL JASPERS

THE IDEA OF THE UNIVERSITY

本书根据灯塔出版社 1959 年版译出

商务印书馆（上海）有限公司　出品
The Commercial Press (Shanghai) Co.Ltd

献给

卡尔·海因里希·鲍尔

外科学教授

海德堡大学校长

并且负责该校的重建

出于友谊和感激

目录

绪　论　1

第一部分
精神生活

第一章　科学与学术的本性　9
　　科学与学术的基本特点　9
　　狭义的科学概念与广义的科学概念　12
　　科学的局限　18
　　为实用而科学与为科学而科学　19
　　科学的基本假设　24
　　科学需要引导　29
　　科学作为真诚的前提　33
　　科学与哲学　35
第二章　精神、人的存在、理性　39
第三章　文　化　43

第二部分
大学的目标

第四章 研究、教育与传授 53

    研 究 56

    作为精神塑造的教育 68

    传 授 80

第五章 交 流 91

    辩难与讨论 94

    作为精神合作之例证的"思想流派"的构成 97

    大学作为不同学科与世界观的交汇场所 99

第六章 大学作为一种制度 103

    制度在实践大学之理念上的不足 104

    制度的必要性 110

    正规大学体制内的个人角色 114

第七章 知识的宇宙 119

    知识的分类 121

    学术的系科之别 126

    大学的膨胀 132

| 目 录 |

第三部分
大学存在的必要条件

第八章 人的因素 149
 天资的种类 152
 天资的分布与民众的特性 159
 选拔的程序 166

第九章 国家与社会 181
 作为国中之国的大学 181
 在变化世界中变化的大学 183
 政府监控的意义 185
 知识贵族制的原则 191
 对真理的探求以及它与政治的关系 194
 大学与民族 201

绪　论

　　大学是一个由学者与学生组成的、致力于寻求真理之事业的共同体。它是一个管理自身事务的团体，而不管它的资产是来自捐赠，来自古老的财产权，还是来自国家，也不管它最初的公共许可（public sanction）是得自教皇饬令（papal bulls），得自皇帝的认可，还是得自省或者州的法案。在每种情形里面，它的独立存在所表达的都是大学创办者这方面的明确愿望，或者是得到了创办者的持久容许。就像教会一样，它的自治权——这种自治权甚至都得到国家的尊重——是来自一个具有超国家、普适性特点的不朽理念：学术自由（academic freedom）。这是大学所要求的，也是它被赋予的。学术自由是一项特权，它使得传授真理成为一种义不容辞的职责，它使得大学可以横眉冷对大学内外一切试图剥夺这项自由的人。

大学是一所学校——但也是一种特殊类型的学校。创立大学的初衷不仅是把它作为一个传授学问的场所，更重要的是，在大学里面，学生可以积极主动地参与科学研究，并且凭借这个经验，他可以获得将会使他受用终生的学术方面的训练和指导。从理论上说，学生在大学里面应该独立地思考，批判地学习，并且要学会对自己负责。他应该有学习的自由。

大学是这样一处所在，在这里，凭着国家和社会的认可，一段特定的时光被专门腾出来尽最大可能地培养最清晰的自我意识（self-awareness）。人们被允许单纯出于寻求真理的目的而群居于此。因为这是一项人权，也就是人们必须被允许在某个地方不受任何限制地探求真理，并且是为真理而真理。

但与此同时，国家和社会对于大学又有一种现实的预期，因为大学为公共服务领域内那些需要具备科研能力和学术训练的职业提供了毕业生。不管每个大学生所从事的专业和所得到的具体结果是什么，他在踏踏实实地参与科学研究的过程中所受到的那种学术训练，大概不会有人否认它的潜在价值。然而，即便这种实际的效用可以广受质疑，人类的基本意志仍然岿然屹立，那就是，突破一切限

绪　论

制、不计一切代价地寻求真理。没有这种意志的驱策，人根本就不可能竭尽全力地臻于思维的极致。如此说来，大学自然是服务于实际目的的机构，但它实现这些目的是靠着一种特殊精神的努力，这种精神一开始的时候是超越这些实际目的的，它这样做只是为了以后以更大的清晰度、更大的力度、更冷静的态度返回到这些目的这里。

要一下子说出真理是什么，如何就能得到真理，是不可能的。在这里，答案只能通过大学生活本身，间接地显示出来，但即便在那时，答案也不是最后确定的。那么，接下来所能够做的，就是通过一种临时的努力，表达出这个答案的某些侧面而已。

大学是实现人类基本求知意志的一种法人组织。它的直接目的就是揭示出哪些东西是未知的，哪些东西是已经知晓的。这种求知的热情通过观察，通过合乎方法论的思考，通过作为客观性训练的自我批评，来展现自己。即便在某些地方，我们遭遇到了一切知识的极限和内在于所有求知活动的那种特殊的风险与紧张，即便在这些地方，这种热情仍然是活跃的。

统一性（oneness）与整体性（wholeness）是人类求知意志的精髓所在。在实践中，这种统一性和整体性只有在专门的研究领域内才能够实现,然而,恰恰是这些专门的研究领域,倘若它们不再作为一个独一学问整体(single body of learning)的成员而存在,也会丧失其生命力。不同学科之间的融合将各个学科融汇成为一个宇宙,这个宇宙在统一的科学视野中,在神学中,在哲学中,达到了极致。固然,这个宇宙容纳了正相反对的两极,这两极会时不时地分崩离析成为矛盾的和相互排斥的对立面。但是,即便如此,知识的统一性仍然是存在的。因为,尽管在研究的课题和问题意识上学者们意见纷呈,但他们仍然为一种共同的科学观念(common scientific outlook)所统一。[1]

如此看来,大学就是一个将以献身科学真理的探索和传播为职志的人们联合起来的机构。

因为真理可以用系统的研究探得,所以科学研究就是大学的第一要务。因为真理的范围远比科学的范围要广,所以科学家必须作为一个人,而不仅仅是作为一个专家,投身到探索真理的事业中去。所以,大学里面对真理的追求要求一个整全的人(whole man)的庄严投入。大学第二

---

[1] 德文术语Wissenschaft涵盖了自然科学与人文学科两个方面的研究。所以,在整个这本书里面,一旦提到"科学"的时候,都必须同时在这两个意义上加以理解。——英译者注

| 绪　论 |

位的工作是教学，因为真理也必须被传播。

更重要的，理解预设了一个人理智上的成熟，这种成熟不仅是精神方面的，也是作为整个人的成熟。接下来人们就可以很自然地说，教学和科研，除了单纯的事实和技巧传授之外，还应该追求得更多。它们必须追求整全的人的塑造，追求在最广泛意义上实现教育的价值。

勾勒大学之理念，意味着用一个我们永远都不可能企及的理想模型来确认我们自身的位置。我们将从三个方面展开这个工作。

首先，我们将讨论一下一般精神生活的特质，在这个一般的精神生活中，有一种形式就是由大学来体现的。其次，我们将转而讨论内在于以法人形式实现的大学精神生活的职责问题。最后，我们将讨论大学的具体基础，以及这些基础是如何影响大学运作的。

第一部分　精神生活

如果说大学是服务于科学与学术（science and scholarship）的，而科学与学术又只有在它们作为一种全面精神生活的组成部分时才是有意义的，那么，这种精神生活无疑就是大学安身立命的根本所在。

除了大学里的方式以外，精神生活还可以采取其他多种形式。在大学里面，精神生活的特质是一种学者之间以制度为纽带的、有章可循的合作。然则，为了理解大学之理念和这个理念的制度化形式，我们必得就一般的精神生活，就特殊的科学与学术生活之本性，稍事讨论。

第一章
科学与学术的本性

科学与学术的基本特点

科学与学术所呈现出来的是这样一种知识：它是讲究方法的（methodical），是有内在说服力的（cogent），是普遍有效的（universally valid）。让我们逐个讨论一下科学知识的这三个特点。

第一，科学与学术和一种方法上的自觉（sense of method）密不可分。我正在研究的课题本身决定了我必须怎样着手才能得出结论。我的方法决定了我观察问题的角度和我所能够运用的材料的范围。与科学思维水火不容的，则是随心所欲的主观臆测和一厢情愿的迷信盲从。即便用这个办法接受下来的东西碰巧与科学探索的结论冥合，那也不会使得这种对观念的迷信盲从有些许的科学性。这类货色的知识说到底只是一种迷信的"科学崇拜"(science worship)。除非我已经对我接受的观念做过审察并确信其无误,否则我就会因为对这些观念不加防范而沦为它的牺牲品。只有我们理解了知识所由以获致的方法,只有我们理解了知识的出发点和意义,它才能保持其相对性。倘若我们不对"事实"(fact)做这样的限定,它就会变成迷惑性的绝对。

第二,科学知识是有内在说服力的。我能够从科学角度理解的那种真理只是一个纯粹的理性证据的问题。它是对的,只是因为它自身的逻辑,绝不需要我私阿所好,赘赞一词。个人的信念恰是这种类型知识的反面。它的真实性,端赖于我个人囿于一己见闻对它所做的赞同意见。这就是为什么伽利略可以意味深长地在罗马天主教法庭上声称放弃自己信仰的原因。(据说,在收回了他的地动说以后,他讲道:"但它仍然在运动。"这个说法是对的,但不是说在字面意义上对,而是说在所发生事件的精神实质上是对的。伽利略明白,他的放弃信仰的声明并不能够改变这个真理。)而另一方面,在布鲁诺那里,他一边同意做出妥协,放弃一切无关紧要的学说,一边又勇敢地拒绝否认

| 第一章　科学与学术的本性 |

自己最基本的哲学信念。这些哲学信念的真实性，因为并不是在一个纯粹理论的层面上具有内在的说服力，其实本该被布鲁诺的否认驳倒的。然则，它们的真实性，倘若没有哲学家坚定不移、热情洋溢地认可的证实，是完全不能被接受的。[1]

第三，科学发现具有普遍的效力。它们的解释力可以被任何人验证。正因为这一点，科学知识传播到哪里，科学的观念也就出现在哪里。共识是普遍效力的标志。所以，科学的真理可以散播到所有以科学的语言思考问题的地方。而在哲学里面，类似的普遍效力则显然是不存在的。因为，倘若某个特定的哲学信条能够博得普遍的接受，那它就不再需要我个人的认可。相反地，科学知识的相对性恰恰造就了它被普遍接受的局面。如果科学发现的普遍效力是在一个绝对的意义上成立的，那科学研究也就不会再有进展可言。

---

[1] 也就是说，这些哲学信条只不过是某种个人的确信而已。而就其作为确信来说，布鲁诺承认这些信条的确信和他否认这些信条的确信，在效力上其实是没有什么不同的——从科学的立场来衡量，都可以说它们没有内在的说服力。尽管承认和否认在结论的方向上正好相反，但在没有科学性可言这一点上并无二致。——中译者注

狭义的科学概念与广义的科学概念

科学知识的概念,尽管说来简单,却经历了一个缓慢演化的过程,并且始终都危机四伏。它要求我们从它的立场出发,付出不懈的努力。科学不是思维的整体(whole of thought)。如果它是的话,那婴儿最初的牙牙学语也该算作科学了。并且,科学也并不就是以逻辑的次第把概念整理起来。它同样也不是概念与现象的合理条贯。倘若不在思维整体的内部划出明确的界限,将知识的科学形态与其他非科学的形态区分开来,科学是无从谈起的。

这种狭义的同时也是严格意义上的科学是与知识的扩展同步发生的。它起初是作为一门发现的科学(science of discovery),作为科学研究(research)而出现的。

这种科学研究通过一种崭新的方式,在方法论上变得越来越自觉起来。一个试验假设(trial hypothesis)通过实践被检验、确认或者推翻。这是一场与材料之间的战役。材料不是被想当然地接受下来,而是按照它可能具有的潜在含义被加以检查。我们通过将假设表述为周密确切的语言,通过改良测量手段以使观察更加准确,来实现我们精益求精的理想。为了使假设与观察之间的一致或者差异具

| 第一章　科学与学术的本性 |

有普遍意义，我们必得首先以最大的精确性来定义这种一致或者不一致的条件，也就是定义假设和观察本身。在每一次具体的研究里面，科学不仅突破了原先具有普遍效力的尺度，而且也澄清了自身的假设。它是"客观的"，但只有将所有的假设都看作暂时性的，并拒绝为了特殊的偏好而隐瞒或者扭曲真理与事实，只有在这样的意义上，它才是客观的。科学所使用的试验假设是被它充分地如此这般看待的假设，是它试图提炼它们的潜在丰富性以作为探索工具的假设。

只有实验才能够检验科学假设到底是不是真理。关系到任何假设成败的因素，不只是这个假设某一次的应用，更与真理之整体（whole of truth）干系重大。难道是机遇在层出不穷的设想里面对某一些情有独钟而对另外一些视而不见吗？难道是这个科学家的运气，是他与真理之间突如其来的密切关系差使他做出选择的吗？那是一种神秘莫测的洞察力吗？事后来看，那些重大发现好像总是水到渠成般地从它们的决定性原则里面衍生出来。可是在当局者眼里，这些发现的庐山真面目却从来都是若明若暗的。

伽利略和拉瓦锡是如何掀起那即便时至今日仍与新的分支学科一起大行其道的观察潮流的呢？这么说吧，比如，拉瓦锡曾经提出过许多假设，所有这些假设前人都曾提出过，但他则是第一个将它们提升到永恒和绝对真理的地位：不可再分的物质就是元素；物质不灭；重量是质量的可靠表征，因为所有物体都受制于同一种地球引力的作用。天平在他之前的时代就已经有人使用，但他却是第一个把如下这点作为一条基本原则，那就是排除任何特例，或者是排除任何虽然在逻辑上言之成理却与测量读数所提供的证据不符的东西。拉瓦锡的假设与一般的成见（sense evidence）背道而驰。这种显而易见的龃龉构成了一种持久的诱惑，要人们放弃这些假设。然则是什么使得拉瓦锡不同于一个耽于玄想的狂热分子呢？是源于他非凡才识的成就吗？抑或只是可喜的巧合？两者都不是。他的理论所以成功的原因乃在于，既然科学家们可以独立验证拉瓦锡的实验，那他们就准备承认他的假说是绝对真理。

每个时代都有它自封的"真理监护人"（custodians of truth），这些人欢迎任何以抗议的风暴引进新前提的激进意图。所有这类批评最后所达到的结果都不外乎是：所有门类的学问都要靠仅有相对效力的假说来支撑，这些假说所描述的并非真理本身，而只是真理外观的特殊方面。假说只有暂时性的效力。那能够"中的"的假说，往往会带

第一章　科学与学术的本性

来让人惊喜的意外收获，可是与不可胜计的空想徒劳对比起来，这样的假说实在是微乎其微。因此真正的学者与科学家对一切空想都信不过，它们既不能充实已有的成果，也不能启发未来的研究。

这样说来，使科学成其为科学的是如下这点：除非是在一个假说的框架之内，否则我们不能获得关于真理的具有普遍效力和说服力的知识，而这些假说，我们知道它仅具有相对的效力。

这种新科学（new science），在发轫之初，是作为一种对自然加以量化的学问出现的，并被一种革命性的、科学方法放之四海而皆准的观念所鼓舞。即便是古希腊时期的科学，除了某些形式的数学和柏拉图主义之外，它所赖以为根本的，也是一种与生俱来的完美理念和一种自以为十全十美的思想。它的普适性是建立在一个封闭而有限的宇宙（closed finite cosmos）概念基础上的。与此相反，"新科学"的普遍性并不是靠着一个无所不包的世界体系（all-inclusive world-system），而是靠着从善如流，随时准备将所有的事物都交由科学观察来检验。不错，古希腊的科学形式一直延续到了今天。它存活在一种对科学的寻常理解之中，而这种理解却是对现代科学精义的一种曲解。现代科学通过持续不断地超越原有发现，总是准备向着存在的无垠世界挺进再挺进。它试图发现迄今尚不为人所知的事物，它想认识的不是整个宇宙，而只是科学方法所要求的宇宙理念，只是在一个"开放"宇宙（"open-ended" universe）之内科学自身的统一性。

与这种新鲜的探索之开放性的观念一道，出现了一种新鲜的对于真实之丰富性的认识和对于存在的不同层面之间——无生命体、生命体、灵魂、意识——差异性的认识。人们对于理解问题的不同方式也获得了一种系统的自觉。起初，"新"科学家们通过将事实化约为因果的、逻辑的和量化的（测量的、计算的）术语而使事实变得单一贫乏。一言以蔽之，他们想假借在生产线操作中耳熟能详的术语来使世界变得明白易懂。然而，逐渐地，不同的理解问题的方式被越来越明确地规定下来，以此来杜绝各种方式之间的混淆，防止威胁到所有既存的理解方式。在所有的地方，问题的焦点都转移到那些有普遍效力和内在说服力的方面上来。

在逐渐认清自身方法和局限的过程中，新科学有必要承认那种有别于自己的思维模式。因为存在着一种思维类型，它所产生的洞见，虽说不具备普遍的效力和说服力，

第一章　科学与学术的本性

却关乎生命自身的基本价值。这种思维类型，不是通过分析，而是通过灵感的火花，直接洞穿事实的心脏。因为科学被局限在具有说服力和普遍效力这一点上，科学研究与发现也就被限制在不是对于存在本身，而是对于存在表象的研究上。与这种狭义的科学概念相反，存在着一种广义的科学概念。如果混淆可以避免，狭义的科学可以承认这种广义的科学与自己是互补的，有时甚至是自己的基础。这种靠着灵感的火花来照亮的思维方式，不是科学的一个部分，而是有着自身独立的根基。

这种广义的科学包括了所有以推理和概念的方式获得的清明理智的思想成果。这种概念下的思维并不提供对迄今为止陌生之物的洞见，而是要廓清我的真实意图是什么，我真正想要的是什么，或者我真正相信的是什么。这种广义的科学在范围上和明晰的自我省察一致。

接下来，还存在着一种思维形式（比如玄想的哲学），它需要来自我们个人的赞同以确定自身的真理地位。

最后，思想的功能或许就像密码或者代码，可以同时既揭示真相又遮蔽真相。

人类精神诸般辉煌动人的成就，只是当它们具备明确而严密的优点时，才能成其为科学。与此同时，人类精神又可以大于或者小于科学。就它们是一种创造性的、一种改造人的思维方式来说，它们是大于科学的。就它们不能产生任何具体的知识来说，它们是小于科学的。因此，明白狭义科学意味着什么，就是至关重要的了。它其实就是现代人在谈到科学的时候，尽管不甚了了，却在头脑中实际存在的那个科学概念，因为它只是关注有内在说服力的、普遍有效的知识，也因为它因此而并不需要我整个人的赞同。尤其重要的，恰恰是科学的明确性把那种在哲学的目标、论据和理路中独树一帜而不可或缺的东西，映衬得异常鲜明。因为除非是与科学一道，与科学划清界限，并且超越科学的目标，哲学是不能认清自己的使命的。

科学的局限

狭义科学在如下方面注定是有局限的：关于某物的科学知识并不是关于存在的知识（the knowledge of being）。科学知识都是围绕着具体事物的。它指向特定的对象，而非存在本身。恰恰因为它获取的只是这种类型的知识，科学突出地暴露了它在哲学上对于存在本身的无知。

第一章　科学与学术的本性

科学知识不能提供生活的目标、价值或者方向。科学特有的明晰性另有所指,远非整体的人生科学。

不宁唯是,科学亦不能向我们明示它的底蕴。它存在之理据的确实性和说服力本身,都远不是科学自己所能够证实的。

当人们向科学指望一些它力不能及的东西的时候,这些局限总会成为怨府。举例说来,人们会指望某个没有信仰的人在科学里面找到一种信仰的替代品,以此来支撑自己的生活;会指望某个对哲学不满的人在科学里面觅到一种无所不包的通用真理;会指望某个精神浅薄的人在从事由科学分派的无止境的研究过程中,意识到自己的谫陋。在如上的各种情形之下,科学均以盲目崇拜的对象始,而以仇恨轻视的对象终。觉悟势必要尾随诸如此类的误解而生。问题是:科学的局限既已如此刺目,那它还能有些什么价值呢?

为实用而科学与为科学而科学

自培根与笛卡尔以来,人们都倾向于举科学之效用为据以证明科学的正当性。笛卡尔就把以下诸种效用视为从事科学的决定性动机：节约劳动的设备、人类需求的更好满足、健康状况的改善、政治与公共生活的高效，最后甚至"科学道德"（scientific morality）的产生。但如果更细致地考究起来，我们不难看到，所有技术上的实用性均有其局限；在广袤的人类潜能的王国，技术仅仅是其中的一片领地而已。其次，那些重大的基本发现显然不是出自对它们日常用途的考虑。这类发现是在丝毫没有功利目的的情况下做出的。它们从我们既不能控制也不能预知的锐意深思的意识层面里涌现出来。在一大堆特定的发明里头，只有当理论的根基一旦打好，富有成果的应用才是可能的。从事研究的精神和从事发明的注重实效的精神是大相径庭的。可以肯定，为科学的效用或为科学服务于实际生活目的的权利辩护是荒诞不经的。这样做对某些科学分支来讲当然有其意义。但实际效用不能是科学全部的或者唯一的意义。这是因为对某种发明的需要产生不出科学（那些伟大的发现者总体而言通常都不是发明家）。单单发明自己并不能保证科学研究长盛不衰。

有些人则为科学正名，严正地声称科学是自为的，以此来抗议科学相对于技术、相对于改良生活状况的附属地位。

第一章　科学与学术的本性

不消说，就科学表达了人对知识基本的、与生俱来的渴望来看，它确实是自为的。这种对于知识的渴望本质上要先于所有功利的考虑。因为降低到实用层面的知识就不再是知识的整体（whole of knowledge）了。人对知识的基本需求是绝对不会受历史上任何一个教育模式左右的。在历史上可见的教育模式里面，知识的估价，专门是从公认的标准和格套的立场，是从它能否依据既定的模式来造就全面的人的立场而做出的。与之相比，朴素的好奇心，即那种天真的、企图一窥新奇与未知事物并且企图通过实验及其结果的形式间接地了解它们的愿望，更便于保护人们求知心切的最初的新鲜气息。然而好奇心仅仅只是触及了事物，还没有把握住它们。它的兴味来得快，去得也快。在它能够化作知识的一个要素之前，须得先经过一番脱胎换骨。

经过这样一番脱胎换骨，好奇心将不再需要来自任何方面的认可，相应地，它对自己所处的地位也因此而变得不再斤斤计较。人只有投身于求知的事业，他才可以在天地万有中卓然树立，自居为人。他会愿意独自面对这种求知所带来的后果。他之所以会不计个人得失，甘冒这个风险，是因为真理就是对他的酬报。确实，我们自我认识的深度,只能取决于我们在多大程度上把握了周遭的世界,在多大程度上把握了认知的不同层次与各类变种,在多大程度上把形形色色的思想与行动归结到理性的格套(intellectual formulation)中来考虑。

人类基本的求知欲望与不学无术、沾沾自喜的装腔作势势不两立,那只会把人拉入餍足于虚幻安宁的迷魂阵中。它与腹中空空的唯理智论,与凡事都麻木不仁因而也无意进取的虚无主义势不两立。它与自不量力的、将求知混同于平庸的对事实与"结果"的一知半解势不两立。求知所要求于人的义务既如此之严苛,人所能得到的唯一满足,就是有望超越已有的限度,把知识的范围推进到前所未有的境地。

"自为的科学"这样一个俗语,表达了人们对知识的迫切而无条件的渴望。但是它也被随便一个什么事实发现,被任意一种新方法的成功运用,被任意一种知识的扩充,被任意一种科学消遣(scientific occupation)滥用了,以此来为自身的价值张目。混乱随之纷至沓来。有未经清理的主观臆断的事实堆积,有科学与大堆不相干材料的纷然杂陈,有专家一叶障目不见森林的沾沾自喜,有一直迷失消磨在纯粹事实的正确性中的"流水线"式学习方法的洋洋

第一章 科学与学术的本性

自得。由于变得机械化,也由于被抽空了所有内在和人性的意义,科学也已经在要求拥有自身价值的同时,变得面目全非了。

"自为的科学"这一箴言现在正声名狼藉。过分乞灵于科学招致了对它意义的全盘否认。据称科学可以服侍任何一个主子,可以像妓女一样人尽可夫;据说它让人心灵空虚;据说那是一道与世道人心风马牛不相及的流水线;尤其是,据说它一直在消磨时间做无用功。

这些指责,对于变了质的伪科学着实是一针见血,但对于人类基本的知识追求来说却是文不对题。如果对于中世纪的人们来说,知识的极致就是目睹上帝的显现;如果事情就如黑格尔一本正经说过的那样,逻辑思辨本身就是一种充满宗教热忱的行为;如果即便连逻辑实证主义者(logical positivist)都承认有不可知事物的存在,那么我们也同样能够体验人类获得真理的满足感。人类正在以前所未有的激情思考世界的真谛。现代人仍然非常激切地感受到那亘古不变的智慧,即,除了探寻真理,没有什么可以给我们的生活带来意义(即便对于那意义是什么和它的蕴涵为何,我们难以有确定的把握);没有什么能够不被我们的求知热情征服;还有,最关键的,生活期望把自己置身于思索的基础之上。这些古老的、不能被心理学和社会学所替代的洞见,见证了人类更高的本质。

达到这些结论的唯一津梁就是科学。而符合这一意图的科学,它的本质仍然是有待澄清的。

科学的基本假设

"科学无假设"(science assumes nothing)这个说法,作为一个战斗的口号,本来是用来反对俨然以不容置疑的权威面目高踞于学问之上的各种束缚的。这个"战斗口号"(battle cry)只有在表明科学拒绝服从先入之见,拒绝限制探索的范围,拒绝接受任何"禁忌"(taboo)或者回避某些必然的结论时,只有在类似的意义上,才是正确的。

然而,事实上并不存在没有假设的科学。科学的特质只是它以自我批评的精神接受并澄清这些假设。准确地说,科学所体现出来的,是一种尝试性的、对自我保持清醒的,也对任何它得自某个特殊假设的结论的有效性和一贯性保持清醒的思想体系。

这样说来,科学预设了逻辑规则的有效性。凡是不承认矛盾律(principle of contradiction)的地方,思维与认

第一章　科学与学术的本性

识就没有办法进行。思维在本质上是承认这条定律的。倘若有什么地方可以允许概念暧昧不明、模棱两可，有什么地方自我矛盾没有被排除出去，那么那个地方的交流就会变得毫无意义，莫衷一是。任何否认某种逻辑假设的观点，至少在这否认的过程里面，恰恰应该遵循这些假设。所有那些不愿意接受这类假设的人都不值一驳，并且只会被众人冷落，沦为亚里士多德常说的"不可理喻的草木"（irrational plant）。

所以，当我们把知识绝对化的时候，其实是我们错了。只有在逻辑定律被尊重的地方，知识才是可能的。因而，在本质上，被认知的并不是存在，而只是真实的某些方面，而这些方面是在我们自身思维所设置的条件之下呈现出来的。

另外，科学还预设了它自身的可欲性（disirability）。仅仅依靠科学自身的特性，它的生存是没有办法得到保障的。跟一个否认科学价值的人谈论科学，根本就是对牛弹琴。人类对知识的迫切追求是自发的。我们是为知识而知识的，正是这种自强不息的激情为所有科学的发展提供了不可动摇的前提。

更有直接意义的科学假设与研究的选题有关。科学家从无量数的可能性里面选定一个问题。促成这个选择的可能是莫名其妙的冲动、热爱和仇恨。无论如何，促使他下定决心从事某项具体研究的，都只是意志，而非科学知识。

最后，科学假设我们遵循观念的指引。即便我们周遭的整体不能自动成为认识的对象，即便我们所有的概念结构（conceptual schemes）仅仅具有辅助性的和暂时性的意义，但恰恰是经由诸如康德所说的那种"观念结构"（scheme of ideas），我们的意识才能够走进周遭的整体（encompassing whole）。观念与假设因此也就成为必须重新退隐的辅助性构造，因为他们必然是有限的因而也必然是虚假的。然而，倘若我们离开了类似观念的指引，那就会失去中心，失去方向，忘却轻重之间、表里之间、主次之间、分合之间的区别。它们合成一种条件，激发我们的特殊兴致，点燃洞察与发现的灵感并赋予偶然的发现以意义。那指引我们的无数概念轮廓（conceptual outlines），逐个看来尽管微不足道，却是我们通向无限的唯一渠道。但是在知识取得任何意义之前，这些指导性的观念必须在学者自己的头脑中先行活跃起来。

所有的学科门类都具备这些假设。在此基础上可以再

第一章　科学与学术的本性

附加上各门具体学科的具体假设。比如，神学家们相信奇迹与启示。就经验性科学的解释范围来说，这类话题都是不着边际因而也是子虚乌有的。"既然科学否认神学类型的假设，那它要求信徒们承认的，不多不少就只是如下这些：假如一系列给定的事件不允许援引超自然的干涉来解释，假如这种解释作为经验动因是不可接受的，那么这个序列就必须以科学认可的方式来理解。"（马克斯·韦伯）每个信徒，只要他不背叛自己的信仰，都会非常赞同这一点。

神学的路数是不同的。既然假定了启示的存在，神学就是澄清这种信仰的内涵与意义的。它发展出了言说这种不可言说之物的特殊范畴。

世俗的与神学的这两种解释，都要靠假设才能展开。严格说来，它们并不相互排斥。这两种思维形式都要仰仗假设，并且都要视假设的情形确定自己会走向哪里，会走多远。只要它们彼此认可，并且以一种自我批评的精神记得，可知性（knowability）不过是存在内部的一种存在形式，而绝非存在本身，那它们都是科学的。

在我们指出所有科学都源于必要的假设的同时，同样也有必要明确，与习见的理解相反，我们没有必要假设，比如世界是完全可知的，比如知识可以理解存在的本体，比如从包含或者提供了确定的知识这个意义上来说，认知在某种程度上是绝对的。在我们反思认知局限的同时，相反的一面也是显而易见的。

科学同样也不预设教条式的世界观（Weltanschauung）。恰恰相反，只有在这样一个假设并不拥有绝对的效力，或者，即便它有这样的效力，那也只是因为由此得出的结论可以经得起严格的不偏不倚的检验，只有在这样的前提下，科学才可能存在；简而言之，只有在这世界观仅仅保持为一个假设的前提下，科学才能存在。

数十年来，有人一直鼓噪说（任何一个有判断力的学生都不会认同这一点）科学无须假设。指出这种一面之词会引发的危险是必要的。将科学的内容统统抽空，仅仅偏执现成的前提，并把它们视为定论，这样做也太掉以轻心了。心地善良但头脑简单的人们，由于在学问上游手好闲，由于对系统的学习漠不关心，因此就画地为牢，裹足不前。他们所需要的是与科学截然不同的东西，是出于各种非理性冲动的政见、说教与宣传。他们不是全身心地投入工作，心无旁骛地关注问题，而是任由自己滑入到伪哲学的高谈阔论中，动辄就是"整体"，就是"全景"（total picture）。

第一章 科学与学术的本性

在所有预设里面,科学最需要的其实是一种方向感(sense of direction)。科学是如此需要引导,这点却经常被人们忘却。

科学需要引导

现在的问题是科学丧失了这种方向感。乍一看,好像科学是自发前进的,但这只不过是因为一种更深刻动力的持续作用。而接下来,预示着要瓦解整个体系的矛盾就呈现出来了。离开了它赖以生存的信仰基础,科学既不真实也无生命。

这也可以用另外的方式加以说明。这种指引从何而来,它对科学施加了些什么影响,这对于科学的自我认识是至关重要的。就如我们已经看到的那样,无论是实际的效用还是"自为的科学"都不能为科学提供真正的动力。外在的力量自然可以利用科学达到非科学的目的。然而科学的充分意义在那时仍然是暗昧不彰的。另一方面,如果知识本身变成了科学的最终目的,那么科学也就毫无意义可言了。指引必须来自内部,来自所有科学的最根本之处——求知的绝对意志(the unqualified will to know)。一旦我们服从这种本己的知识渴求的引导，我们最终就不会被某些已知的目标牵制住。在我们掌握知识的时候，我们是被某种日渐热切的情绪所牵引——我们是被由对知识的渴求所唤起的理性所牵引。这是如何可能的呢？

人类本己的知识渴求并不只是一种可有可无的兴趣。它是一种强加给我们的迫切需要，好像知识掌握着人类自我认识的唯一要诀。零碎的知识总不能使我们满意；我们一往无前，渴望通过认知拥抱宇宙。

尽管探索的过程是由我们本己的知识渴求推动的，但给它指引的却是我们对于真理同一性的洞见。我们努力去认识单个的材料，不是为了沉浸其中，而只是以此作为通晓那同一性的途径。离开了存在之整体（whole of being），科学也就丧失了意义。而从另外的方面来说，有了存在的整体，即使最细微的科学分支也都会是意义深远、充满生机的。

真理的同一性与整体性不可能在任何一个地方觅到。无论何时，我所知道的都只能是大千世界里的一个具体事例。既然如此，任何研究的实际方向，都取决于我们能否牢记两个思维要素，更其取决于我们能否时时地沟通这两个思维要素。这两个要素，一个是我们捕捉一直和我们捉

第一章 科学与学术的本性

迷藏的变幻莫测的真理的意志。另外一个则是我们对于这种光怪陆离之下的同一性的实际感受。当然，除非我们敢于直面一切人类知识的万花筒，否则对同一性的感受就无从谈起。

因而，一方面，科学使我们面对纯粹而朴素的事实。自始至终我们都清醒地意识到"事实如此"。我们逐渐了解事物外观隐约透露出的内容。科学迫使我们直面事物的实际外观，迫使我们放弃操之过急的简化与一厢情愿的想象。科学唤醒甚至打碎了我对世界所抱的完美与和谐的美梦。相反，它灌输给我的倒是由世界的嘈杂、空虚和数不胜数的毁灭而带来的惊恐。

但另一方面，如果可能的话，由于体验到了真正的无知，我逐渐间接地意识到那种超越我整个求知过程并且在暗中推动我整个求知过程的同一性。恰是这种同一性给我的探索赋予了生命和意义。

这种意义是没有办法条分缕析的，因为它高于人们的认知水平。既然它是不可知的，它也就不能用来作为我们选择科学对象与方法的前提。只有在投身于求知的过程以后，我们才会领略知识的来源与意义。

倘若要问所有知识的目的何在，我只能比喻性地加以回答。那就好像世界希望自己被认识；就好像竭尽我们全部天赋的才能理解世界，像上帝构想世界那样地反思世界——即使除了以已知的、它们在宇宙中的反映形式之外，我们绝无可能把握这些想法——好像这是我们在此世颂赞上帝的职分。

就学问是被一种理性探询的原始冲动所引导、被一种既感应于世界同时又超越世界的冲动所引导这点来说，仅仅就这一点来说，它才是有意义和价值的。尽管提供这类引导的是哲学，但是有些东西必须留待每个思想者本人的内在自然成熟，不能指望这些东西随随便便就可以产生。

基于所有这些，我可以说，科学并不是我可以信赖的坚实基础。它只是一条道路，沿着它我可以逐渐意识到那引导着我求知意志的超越之物（transcendence）。我以全副无休止的求知热情走过这条道路，以此来点亮在世的人生。

既然我们把科学看作道路而非终点，我们就该明白，许多对于求知的沮丧情绪其实都是由于丧失了内在的引导。一旦我们任由自己漂泊无依，无论是由于懒散的好奇心，还是由于我们把科学仅仅变作使我们忙碌起来的消遣，我

| 第一章　科学与学术的本性 |

们马上就可以体会到这种失落。这些都是死胡同,由此我们总是一再回到老路上去,意识到那决定了我们研究与探索过程的内在方向感。当我们只是终日埋头苦干想以此淡忘绝望的时候,我们其实是打错了算盘。这样的苦干并不能掩饰无意义中致命的怠惰。相反,我们应该使自己接纳那些理念,以此指导我们的工作。这些理念源自推动我们研究的超越的整体性(transcendent wholeness)。

尽管如此,指导我们研究工作的整体性概念,却不能说是明确的。没有人能够毫厘不爽地把握它,或者宣称他所把握的就放之四海而皆准。没有人可以自命是它唯一的占有者。只有在思想者与林林总总的认知对象之间展开对话,这种指引才是有效的。在每个历史时刻,通过后浪推前浪的知识浪潮,这种指引被实现着。这也就是为什么在我们的日常生活中科学可以提供通向真理与真诚(truth and truthfulness)的动力的原因。

科学作为真诚的前提

科学企图取代信仰,或者至少把信仰转化为确定的知识,就是以这种方式,科学澄清了我一门心思用来美化生活的幻想。科学驱散了我用来掩饰不堪面对的事实的半吊子真理（half-truths）。科学粉碎了非批判性思维设置的用来替代无止境研究的幼稚观念。它杜绝我们沉沦到欺骗性的沾沾自喜之中。

科学给一般人类状况和我个人的特殊境遇提供了最清晰的说明。科学为我提供了必要的条件，无此我便不能应对内在于我固有知识能力之中的挑战。完成这个任务是人的巨大使命。它迫使人通过认知展现自身的最大可能性。

科学源于诚实并且也造就诚实。除非我们具备一种科学的立场和思维方法，否则我们就不可能是真诚的。科学的立场的特点就是要自始至终都能辨别清楚，到底什么是已知的，到底什么是未知的（我想知道我知道什么，不知道什么）。这种知道包括通向知识的途径和知识生效的范围。科学立场更深一步的特点是它的论点随时准备接受任何批评。对于思想者来说，尤其是对于科学家与哲学家来说，批评态度是生活的必要条件。为了迫使他检验自己的见解，无论怎样质疑都是不过分的。一个诚恳的科学家即便从不公正的批评那里也可以受益。谁回避批评，谁就是在根本上不想求知。

| 第一章　科学与学术的本性 |

一旦求知的迫切意志变成了追求科学知识的精神基础，一旦这种意志在一个人的生活中变成了基本的事实，那么，无论时空如何变幻，都不能摧毁这一事实。科学是为谁而存在的？——不是为那些让自己迷失在应接不暇的、无关痛痒的事实里面的人（对这些事实他们是生吞活剥，全盘接受的）；也不是为那些辛辛苦苦死记硬背以求考试过关或者为日后从事某个职业做铺垫的人。知识是为真正的科学家准备的。他过人的坚忍与勤劳乃是由激情来点燃的。科学成了鼓舞他全部生活的原则。今天，科学的魅力仍然一如既往地为挑战生活的年轻人体验到。而也正是在今天（或者比以往更甚），我们也体验到了科学的负累。科学不但危及了人类下意识里面追寻真理的天真力量，同样也危及了生活中所必需的、易卜生称之为"生活谎言"的幻想。需要用质疑的勇气来孕育梦想，而不仅仅是用生搬硬套的办法来重复成见。那句老话还是有用的：*sapere aude*!（勇于求知！）

科学与哲学

现在我们想专门就科学与哲学的关系，说几点相关的看法。这两门学问并不完全相同。哲学也不只是众多科学门类中的一种。毋宁说,它们在起源、方法和意义上根本就是冰炭不同器的。然而,科学与哲学却又有着密切的联系。

科学相对于哲学的关系

科学通过撇清随着与哲学的牵连而来的暧昧关系,来捍卫自己。它抵制着在它看来是一文不值的玄学怪论。一言以蔽之,它孕育出了一种对哲学的敌视情绪。

不过科学也能够认清自己的局限。既然它不想抓住真理的整体,它就把这片园地留给哲学去自由地耕耘。它既不想赞成,也无意否认哲学结论的价值。只要哲学不对科学研究的领地说三道四,那它也不会越雷池半步。科学一直在密切关注着哲学,以防止它游谈无据,异想天开。科学这样做,实在是两全其美。

科学需要哲学的指导才能立足,但这种指导绝不能理解为哲学被科学利用,也不能理解成哲学给科学提供正确的目标。这些恰恰不是科学与哲学发生联系的正确方式。毋宁说,哲学有效地激起了一种热切的求知欲望。哲学也通过向科学家强调求知的极端重要性,为他们提供了某些理念,由此科学家可以获得启发,决定取舍。哲学贯穿了整个科学。它可以在对科学方法一无所知的情况下给科学以指引。以这种方式被哲学渗透的科学是具体化的哲学。当科学家留心起自身行为意义的时候,他们确实已经有意识地哲学化了。学者和科学家从哲学里面获取的不是某种具体的好处。但在研究哲学的时候,他们确实可以对自己工作的整体含义(total context)有所领悟。更有甚者,他们为研究工作找到了新的更深刻的动力,对科研活动的意义有了更高的认识。

哲学相对于科学的关系

哲学把科学看作不可或缺的。尽管注意到自己与科学的差异,诚实的哲学仍然会承认自己与科学的密切联系。哲学永远不会容许自己对认知能力之内的真理不闻不问。哲学有权知道所有一切真实和有说服力的东西。它知道这些真实和有说服力的东西是为了变得更有自知之明。任何献身哲学的人都有义务了解科学并且从科学方法中寻求经验。

因为科学的立场保证了真诚的态度,哲学就成了科学反对伪科学的同盟军。哲学认为,捍卫思维的科学模式对于捍卫人类的尊严不可或缺。哲学承认靡菲斯特的威胁是一条真理:"谁蔑视理性与科学,这所有人类力量中的最伟大者,谁就堕入了我的魔掌。"[1]

---

[1] 我不得不把对科学的看法说得简单直截。我冒昧地请读者参考我如下著作的相关部分:

Philosophie. Berlin; J. Springer, 1932, pp. 85ff.(人类视野的局限);pp. 149ff.(诸学科的体系);pp. 212ff.(实证主义与理想主义);pp. 318ff.(哲学与科学).

Nietzsche: Einführung in das Verständnis seines Philosophierens. Berlin, Leipzig; W. de Gruyter, 1936. "Wahrheit", pp. 147ff.

Die Geistige Situation der Zeit. Berlin, Leipzig; W. de Gruyter, 1931, pp. 118ff.(科学)and pp. 167ff.(真诚的求知欲).

Descartes und die Phielosophie. Berlin, Leipzig; W. de Gruyter, 1937, pp. 32ff.(方法), pp. 95ff.(对现代科学的曲解及其恶果).

Existenzphilosophie. Berlin, Leipzig; W. de Gruyter, 1938(第一讲"Philosophie und Wissenschafen"与第二讲"Vernunft"诸节).

第二章
精神、人的存在、理性

在我们尝试勾勒科学之意义的时候,我们触及了一些在科学之上的问题,比如它的基础和目标。这些问题决定着科学工作的进程与方向,然而它们自身却不能用科学的方式来说明。它们只有在哲学的映照之下才是可以认识的。科学的基础与目标问题举足轻重。离开了这些,科学之于我们就毫无意义。既然我们在此关心的主要是大学之理念,而大学的特质又系于科学研究的精神,所以我们只能限制篇幅,仅仅说几点稍嫌武断的看法。

精神(spirit)[1],人的存在(human existence)和反应性

---

1 德文词Geist可以用来同时表达"意识"(mind)和"精神"(spirit)的意思。——英译者注

的理性（responsive reason），构成了我们生活的全副背景（all-inclusive context）。精神是理念（idea）的支撑和动力。人的存在，在其最充分的意义上，表现为我们追求超越之物的那种严肃的、无条件的忠诚。反应性的理性是指向事物内在意义（intrinsic meaning）的敞开的意识。

我们对明确性的追求在哪里表现为一种对完美洞察力的追求，精神也就活跃到哪里，运行到哪里。离开了理念，这样的洞察力是无从构建的。理念从内心深处激励着我们，与此同时，它又作为一个不可企及的目标在召唤着我们。理念提供我们假想的概念，以此来统一并条理我们的研究，尽管这些概念只是理念本体的摹本。精神是创造性直觉的动力源泉；没有了想象，科学就会死气沉沉。创造性的想象可以使我们看清什么是基本的和真实的，可以使我们透过表象看到本质，并使我们将这作为科学研究的有益资源。

所谓的人的存在，我所指的是支撑我们整个知性存在（intellectual existence）的坚强保证。舍此保证，所有我们的经验都会沦为贪图一时之快的无聊勾当，言不及义的贫嘴饶舌和空洞无物的唯美主义。我们行为的意义是在所有当下的意图之外。只有在我们最深切的信仰里面它才是清晰的。只有我们自己严肃的决心才能使得理念在实际生活

第二章 精神、人的存在、理性

中活灵活现。

若说精神的功能在于沉思生活的全景与大势（only entire contexts and configurations），存在的功能在于为生活奠定绝对坚实的基础，那么不断拓展我们的视野就是理性的功能了。理性反对孤立，寻求连贯。为此目的，理性需要一致而通贯，而非武断或随兴的思维，来揭示矛盾，来整合零碎的事实与想法。理性促使我们从个人经验出发得出结论。它突破所有的限制，打碎所有的禁忌；理性总能在最需要它的地方不辱使命，并以此来确保它的研究对象不被曲解。

精神、个人对超越之物的忠诚和反应性的理性，使我们意识到了生活中的成就与潜能有着更加广阔的背景。恰是这种背景赋予科学意义和生命。这种背景解释了为什么生活中到处都存在着若隐若现的秘密，也说明，在科学中举足轻重的不只是操作性的推理和实在可见的成果，而是另外一种更其微妙的因素：这种因素在技巧和人格之中比在某件成品之中彰显得更加清楚。

精神，人的存在和理性是科学观念的基石。它们是科学内部的哲学元素，尽管它们从未被明明白白地承认过。它们的存在是在科学的边缘被感觉到的。正是这三条才可以把求知的热情陶冶成朴素的苏格拉底式的无知。这种无知不是因知识的进步而减少的那种，而是恰恰当认知变得清晰而渊博的时候，这种无知才充分显露其深度。哲学意义上的无知总是要在一切学科领域里面表现出来的。

第三章
文 化

　　文化是一种后天习得的状态。凡是被某个既定的历史观念所造就的人,都是有文化的。一个由联想、表达、价值观念、待人接物的方式和能力交织连贯而成的系统,构成了一个人的第二天性(second nature)。古希腊人的文化观念指的是肉体之美,并结合以层出不穷的德性成就,古罗马人的文化观念指的是有节制的行为与责任感,英国人的文化观念指的是绅士风范。这些文化类型可以通过四种不同的方式把它们的体现者从其他人群里面区分出来。它们可以根据人们的阶级出身来识别他们:骑士、牧师、僧侣、市民。它们可以在智识圈(intellectual sphere)内划分界限以区分各色人等:老于事故的人、艺术家和诗人、学者。它们可以划分主要的技能领域:诗歌与体育方面的训练、学院的知识与技能、语言与文学方面的训练、技术与自然科学方面的知识。最后,它们可以区分那些人们在其中接受教育的场所:古希腊的体操馆与集会广场、王室法院、法国的沙龙、德国的大学。对所有这些文化类型来说,共通的是一种中规中矩的和自我约束的感觉,以及这样一种意识,即文化必须通过实践成为人的第二天性,就好像这一切都是与生俱来的,而非后天习得的。

与整全的人所接受的普通教育不同,所谓的特殊训练仅仅是教育的一个方面。这是一种服务于需要特殊知识和技能的特定职业的训练。

尽管接受了教育就未必可以顺理成章地享受社会特权,但特权毕竟是教育的其中一个后果。在希腊化时期的埃及(Hellenistic Egypt),只要接受过作为一个希腊男子必修课的竞技训练,仅此一点,就可以使一个埃及人有资格获取公职。所有那些受过这种教育的人的名单被保留了下来。通过考试就可以使一个中国人有资格享有加入学者阶层并成为官员的特权。一个德国人,只有当他从一所高等学校里面毕业,以前是只有当他从拉丁语学校毕业的时候,他才可以被称作有教养的。如果没有从这样一所学校里面毕业,他是不能进入大学,也没有资格从事某些职业的。

第三章 文 化

有时,整个国家会接受某个阶级的文化理念,从而使之成为风习。通过这种方式,英国绅士和法国人那种整齐划一的个性特征就是可以理解的了。不过在德国,还没有哪个阶级发展出一种有足够感召力的文化理念。因此,德国缺乏一种规整的民族文化;作为这个民族中的一分子,每个人都还是野蛮的。对德国人来说,文化始终都是个人的私事。

就发源于大学的文化而言,它采取了学院派的、科学性的学科规范的形式。这是科学观念的功能,也是各有侧重的每门学科的功能。

学院派的、科学性的观念,其内涵要比特殊的知识和技能丰富得多。它是一种能力,可以为了追求客观知识而暂时保留个人的价值观点,也可以为了不偏不倚地分析材料而将偏见与嗜好搁置一边。在这样做的过程中,我们不但获得了完全不偏不倚的知识,并且我们的偏见也被重新审视。狂热与盲目被一扫而空。正是这种自我克制的经验,为真正的客观性奠定了基础。我们所面对的那些难以索解的问题,要求我们在就近的材料之外寻求答案。科学的观念所传达出的东西远比特殊的事实知识要多。它带动我们整个人朝着与理性一致的方向转变。

科学的方法要求客观，要求对工作的专注，要求仔细权衡，以发掘出相反的可能性，要求自我批评。它不允许一个人随心所欲地考虑问题，也不允许谁随一时心血来潮抓住一点而不及其余。它的特异之处，就是怀疑与问难的态度，就是做出普遍性结论时的谨慎，就是下断语的时候不忘记说明限制和条件。

教育倘若离开了科学活动中所必需的理性的自始至终的运作，而是胶着于某种固定的模式，那它必将是僵化而封闭的。当教育训练我们在所有问题上都动用理性，并且当我们在整个的生活里面都把理性运用得左右逢源的时候，那时的教育将是真正人性化的教育。

科学教育的一个更加特异之处，源于这个学者所从事的特殊学科。自然科学的教育理念在风格上就和人文学科迥然有别。自然这边的"现实主义"与人文学科那边的人文主义，简直就是两种泾渭分明的文化类型。这两种类型都要仰仗科学研究，但一个是通过在观察和实验的过程中熟悉自然现象，另一个则是通过在分析人物的过程中熟悉他们的书籍和著作。

人文学科研究人的精神。人文学科里面所说的理解，包含了一个跨越数个世纪的精神交流。我们把自己限制在

第三章 文化

那些能够理解的事物之上：那些人，那些著作，那个年代。只有在非常罕见的情况下，我们才会触及人类精神成果的地理的、人种的和自然的基础，而这些一般是没有办法从人类精神的角度加以诠释的。然而，所有这些弥漫于我们生命中的莫名其妙的东西，却是自然科学试图要搞清楚的。在人文学科里面，我们将这些事实视为可以解释为外因但不会内在地加以理解的东西。

学者与科学家各自都倾向于声称自己的学科是唯一可信的。自然科学，出于对与我们的整个知性存在（intellectual being）休戚相关的那种真实性的特殊知识，遏制那种将一切都追溯到精神源头的倾向。与之针锋相对，人文学科则反对将精神降格到物质和生物学的水平，因为在它的知识范围内，人类的精神是不可以如此贬抑的，它是有自己的独立来源的。

迄今为止，一种出于双方共同的教化目的而将人文主义与自然科学的现实主义融会贯通的教育理念，仍未实现。

人文学科在教育上是有其价值的，因为它们保留了一种对人类历史实质的领悟，一种对传统的参与，一种对人类潜能之广阔性的认识。即便在学科研究的手段已经被遗忘的情况下（这是由语文学来研究的），研究所得到的成果本身同样不失其价值。从黄金时代的神话、雕塑与文学作品中吸取营养，本身自有其教育意义。自然科学的教育价值在于精确观察的训练。单纯就研究主题的教育价值来说，自然科学比人文学科要远远逊色。在物理学与化学当中，结果的重要性要相对差一些，但得出这些结果所遵循的方法却是有价值的。除了结果以外一无所知的自然科学家，所拥有的只是本质上僵死和空洞的知识。他在推波助澜地把科学扭曲到教条和权威的地步。

许多人认为是首要的、将若干科学成果武断地整合成为一个体系的做法，对自然科学家来说，其实倒是最没有什么教益的。一条我不能独立验证其效力的知识，不仅缺乏所有正面的教育价值，并且说到底是具有破坏性的。这些在根本上一无是处的体系，它最后所能产生的影响，不过与古时候的神话传说相同。区别仅仅在于，我们现在有的是一个抽象空洞的体系，取代了古时候的神话世界。这样，一个丰满而充实的整体就被一个无比贫乏的整体取代了。在过去，如果说一种世界观是单凭信仰被接受的，而现在，就如同我们已经看到的，是出于科学的权威而被接受。苍白的科学抽象取代了与大自然之间栩栩如生的密切关系。

第三章 文 化

这是所有自然科学的困境所在。它们可以在科学的精确简练方面登峰造极,可以将作为学科知识题中应有之义的所有假设在兼容并包的前提下,整理得眉目清晰。它们进一步证实了康德的论断:科学只有在保证绝对严密性的前提下才成其为科学。同时也是在这里,一切都取决于我们接下来能否采取更加深入的观察步骤,而几乎不取决于我们接不接受既有的成果。更加不必说自然科学的领域其实是没有穷尽的。无机物的王国尚且已经包含着数不胜数的元素结构形式。一个表现为有机生命的实体,更加不知道要多么高深莫测和匪夷所思。康德所写的即便到了今天依然是有效的:"毋庸置疑:根据机械因果论(causal-mechanistic principles),我们根本不能充分地理解、遑论解释有机生命和它内部的潜在生活。同样可以确信的是,如果有谁胆敢盘算或者盼望出现另外一个牛顿,这个牛顿可以用未被从更深刻的意义上加以审查的自然法则,解释哪怕一小片草叶的生长:对这样的做法,任何人都可以断定其为荒谬绝伦。"

时至今日,事关有机生命的自然学科仍致力于进一步的扩展。研究的主题差不多都有独立的教育价值。因为对于一个有着无比多样性的新世界,我们业已获得了深入的了解，而这又开阔、澄清和加深了我们同自然界与生俱来的密切联系。这样的话，一种建立在生物学世界观（biological world view）基础上的替代性宗教（substitute-religion），或许比建立在一种比如由机械论思维模式（mechanistic thought-model）提供的世界观基础上的宗教要好。在这两种宗教里面蕴涵着什么样的教育价值，这完全取决于知识成果在多大程度上被转化成了实际的观察、实际的沉思和对我们周遭世界的实际理解。就这种知识变成了一种教条式的世界观（Weltanschauung）这点来说，它的教育价值是打了折扣的。如此说来，即便说这种或者那种形式的教条倾向是不可避免的，那么，在教育上，一种比较可信的充满好奇与魔力的神话学仍然要比任何其他一种可取一些。

第二部分　大学的目标

大学致力于从事科学与学术。研究与教学都围绕智力教育展开，以期通过这条途径，真理可以变得深刻而又明白为人所知。

大学的这个目标或许可以因此划分为三个方面的功能：研究（research）、传播知识（transmission of learning）和文化教育（education to culture）。很明显，其中任何一个功能，当被单个考察的时候，都与其他两个功能密不可分。（第四章）

为了圆满地完成这些工作，必须要有思想者的相互交流。学者之间必须相互交流，师生之间和同学之间也必须相互交流。所有人之间根据自己的知识水平实现充分交流是必要的。我们将不得不探讨一下这种交流的意义、它会采取的形式和它所需要的自由。这是大学生活的活力源泉。（第五章）

大学是在一个制度框架之内实现它的目标的。这个框架对大学的存在是至关重要的，它体现在大学的程序性和管理性工作当中。这个制度与大学之理念不可分离须臾，但也是对大学理念的持续威胁。从概念上说，知识的目的在追求统一。孤立的各个学科容易自行其是。然而在学问的宇宙（cosmos of learning）之中，它们之间其实也是彼此需要的。大学之被如此组合而成也是为了体现知识的统一。（第七章）

第四章
研究、教育与传授

学生到大学里来,是为了学习人文学科和自然科学,并为将来从事一门职业做好准备。尽管目标是明确的,境况也是清楚的,但大学生们却时不时地都会如坠云雾之中。由于被排山倒海的新知识搞得茫然不知所措,因此他想知道什么才是当务之急。而迎新讲座(orientation lectures)、学期实习(practice sessions)和教学大纲(syllabi)只能帮他解决部分的难题。说到底,他还是必须要在讲座、图书馆和研讨班的世界里摸索到适合自己的道路。

但是,学生对大学甚至期许更多。固然,他得专攻一个特殊的领域,得选择一门特定的职业。然而,大学仍以它约定俗成的氛围向他展示着所有知识门类的统一性。他留意到这种统一性,盼望体验到它,并盼望由此统一性一窥那理据通深的世界观（Weltanschauung）之堂奥。他想领略真理，想获得关于世界与人清晰的观念。他想窥探那无限的宇宙秩序的整体。而恰巧科学与学问的精髓也就在这里：它们正是为了探求与所有未知世界之总体的联系。

然而，即便有了这所有的一切，年轻人仍然不会裹足不前。既然已经对行将到来的生活转折有所觉察，年轻人对生命的严肃性就有一种非同寻常的认识。他感到斗志昂扬，感到生活充满了机遇。他意识到，即将到来的生活主要将靠他自己来应对。他感到他的日常生活、他的每一小时、他的每个生机勃勃的冲动，都是稍纵即逝、举足轻重的。年轻人希望学习，要么是通过自我撙节，受业于一位专家，要么是通过在志趣相投的朋友之间开诚布公地展开讨论，相互切磋琢磨。

一个人在大学期间的设想，能够兑现的实在是微乎其微。心血来潮的冲动不能维系多久。对于他想要些什么，他正在做些什么，一个学生或许从头到尾都不甚了了。到头来，他会万念俱灰，无所适从。他会不思进取，自暴自弃。他学习只图考试过关，并且从对考试有用与否判断所有的知识值不值得学习。他把读书阶段看作职业生涯开始前的一段痛苦煎熬。后者现在掌握着脱离苦海的舟楫。在他看来,掌握基本知识,潜心训练自己的专业技能,未免太过迂阔。另一方面,他起初跃跃欲试的激情已经丧失殆尽,徒然成了口惠而实不至的东西。他在工作上变得懒惰了,想不吃任何苦头,一蹴而就地掌握根本的理念,掌握一以贯之的东西,掌握奥妙之所在,在他想来,通过努力所学到的只是琐屑不足道的东西。他觉得,通过读几本好书,就可以开始自己的学术工作。最终,他把全部的心力都浪费到一点上,他企图在那里找到一个醍醐灌顶的精神结构,而不是找到学术工作的方法,他误把教室当成了布道的讲坛。

如果他运气不错,这个学生或许会单枪匹马走出一条路来,在这条路上,他仅仅凭着个人的直觉,可以有所进步并最终达到目的。但从根本上来说,不知道路在何方的人最终还是要走弯路。对日程表上的工作的总体意义有所领悟固然并不能直接帮助谁明确自己的位置,但是在间接地使他意识到各种可能性和限制条件并因而使他祛除疑惑方面,这种做法还是有所裨益的。有远见的学者会考虑工作的方向、次第和目的等这样一些比较宽泛的问题。因为,想对自己正在做的事情了如指掌乃是求知意志的题中应有之义。我们在这里所要做的讨论,目的就是要帮助人们获得一种清明的理智，使之成为一种生活的方式，一种人类安身立命的生活样板。

有三件事情是大学必须要做的：职业训练、整全的人的教化和科学研究。因为大学以一身而兼备职业学校、文化中心和研究机构这三重身份。人们曾经试图强迫大学在这三种可能性之中选择其一。他们曾经问过，我们到底要让大学做些什么。经过考虑他们就说，既然大学不能十全十美，那它不妨在这三种选择里面确定一个。甚至有人建议，大学大可以解体，而代之以三种专门类型的学校：职业训练的机构、可以容纳一批专职人员的普通教育机构和科学研究机构。话虽如此，但在大学的理念看来，这三个方面是却是三位一体的。将一个方面从另外两个当中剥离出来，不可能不损害大学的精神实质，也不可能不同时殃及这个被剥离出来的方面本身。所有这三个方面都是一个活生生整体的必备要素。倘若将他们割裂开来，大学的精神就会枯萎凋敝。

研 究

在大学生活里面，老师和学生仅仅被一个单纯的动机

第四章 研究、教育与传授

鞭策着：人类基本的求知欲望。然而，知识上每个进步的取得，都需要付出执着而艰辛的工作。这个工作包含三个要素：

（1）狭义的工作，包括学习和实践，包括扩展自己的知识面和掌握技巧。工作是所有其他一切的基石。工作比其他一切都更加需要纪律和程序来立定自己的根本。它是最花费时间的，也是在任何时间都可以开始的。只有依靠坚苦卓绝的工作，才可以打下坚实的地基，才能够造就我们的工具，才能够提供合适的方法，用以表述并且确认任何新的发现，同时也可以为那些仅仅停留在猜想阶段的东西提供切实的证据。对于这种坚忍不拔的劳作，对于它的纪律和执着，任何人都得肃然起敬。每个学生在知道了工作的重要性以后，都应该立即着手开始这方面的磨砺。歌德说："我们越快知道有一种系统的增进我们自然天赋的方法，叫它是一种手艺也好，叫它是一门艺术也好，我们就会越快乐。"但是，所有那些吹嘘自己的雕虫小技并且以为这就足以使自己的努力身价百倍的人，其实是失足在了材料与技术的泥塘里。只知低头拉车，不知抬头看路，与对高瞻远瞩的真知灼见满怀嫉妒和卑下的怨恨，这两种行径其实是一丘之貉。

（2）如果工作并不限于简单的无休无止的埋头苦干，如果工作还有更加深刻的含义，那它就需要借助另外一些不是单靠一腔热情就能获得的东西。在一开始的时候，是那些突如其来的想法给了科学家动力，赋予他们的研究工作以意义。这些念头生长着，运动着。但他们不是被一厢情愿地推动的。他们确实在生长着，然而却只为那些持之以恒工作的人生长。"猜想"（conjecture）是来无影去无踪的。恰恰是那个只身推动学问繁荣的东西——那个若有若无、捉摸不定、虚无缥缈的东西——需要全副身心的投入。凡是从事理性的科研工作的人，必须得是对自己的工作始终都念兹在兹的人，必须得是彻头彻尾地沉浸在工作之中的人。他的生活不是那种可以将工作和娱乐划分得畛域明确的生活。他的整个生活方式对于他的想法来说都是一个必要的保障条件，尤其对那些需要一丝不苟地对待的想法。颇有一些人，他们有不错的想法，但由于他们的心不在焉，这些想法也就很快被淡忘了。

（3）比单纯的劳作更其重要的，学者和科学家都应该具备一种理性的良心（intellectual conscience）。他一方面得意识到，在任何地方他都得依靠运气和正确的直觉，可与此同时，他也得从良心出发，有意识地驾驭自己的

第四章 研究、教育与传授

创造冲动。无的放矢的无效劳作、单纯的感觉和信仰、单纯的允诺和启示，只要它们没有促动一个人自由自主地有所创造，都无一例外地与理性的良心背道而驰。学者应该努力把偶然和孤立的事件归结到某个整体。他应该追求通贯，杜绝在连贯的思维逻辑之外突发奇想，横生枝节。但是当他的良心迫使他追随某些新鲜的想法向更深更远处挺进的时候，那他也确实得打断原来的思维逻辑，另起炉灶。接下来，他得掉过头来，锲而不舍地追随这个新的想法。他既信不过朝三暮四的作风，也信不过沿着一条固定的思维路线一条道走到黑的做法。因为他的目的是想尽力发觉自己想法的根本的、潜在的意义，并且希望通过工作把这些意义表达出来，因此他对单纯的时髦或者流行应该漠然置之。但他应该关注现在，关注此时此刻，把此时此刻作为永恒的一个具体存在形式。他应该能够使自己超然物外。他应该明白，任何旁观者都无权判断他正在着手的工作的是非功过。他从自己的良心出发判断问题。来自外界的建议，没有哪一条可以减轻他肩负的理性良心上的负担。

以这三条原则为基础，推动学术科研工作的进步，是大学的职责所在。

求学过程中所要应对的都得是经过限制的特定题目。面对知识的这种苛刻要求，没有什么东西是可以例外的。现实世界上的万事万物都应该被纳入大学的视野范围之内，变成学问的对象。不过，知识也不能够从大脑里面凭空产生。大概只有数学家和逻辑学家才可以这样自给自足，他们也无须超出日常经验之外寻求材料。学生在任何时候都需要经验观察的素材。因为大学意识到了这点，他就要给学生提供辅助手段，比如标本、图书和临床门诊。学习和科研的材料或者相应的图片、设备和实验的仪器，也得一应俱全。

话虽如此，枯燥乏味的知识对象并不就是求知的全部。人类的精神在本质上是充满生机的。一个特定的历史时期，一种特定的文明，都可以实现真正的自我认识。只要思想者们与自己的时代之间建立一种"有来有往"（give and take）的关系，只要这些思想者与思维活跃的人们确立联系，这个历史时期或者文明就能够实现真正的自我认识。大学与由某种知识氛围所造就的神秘莫测的时代背景是截然对立的；这种背景是一种人与人之间的"有来有往"的关系，这种关系不能凭着意志或者组织人为地产生，它要么存在，要么就不存在。有了这种关系，那种不可捉

第四章 研究、教育与传授

摸的团体和一种不可捉摸的个人之间的关系就形成了。如果这种既有理性色彩又不失人性意味的生命元气（human-intellectual life-blood）不再在大学的脉管里面鼓荡，或者哪怕只要学究和书虫一味地只在无关人生痛痒的材料里面寻章摘句，大学就岌岌可危了。如果大学里面只有文献考据没有哲学探讨，只有技术而没有理论，只有目不暇接的事实而没有理念的指引，大学就岌岌可危了。

眼光总是有所局限的大学世界需要拓宽自己的视野：通过旅游，通过接纳访问学者，通过广泛而密切的个人交往，通过与国外的联系，或者大学可以派遣他的员工参与某些实际的工作，而这些工作，其他的人比如医生是在一个坚实的平台上面长期从事的。所有这一类的实践举措都可以强化大学的理念，倘若这一类举措能够被采纳，能够转化成观念的力量，并且能够在学者群里面激发起某种反应的话。

如果说科学研究是大学的职责，那么在大学里面，这个职责是在许多相互冲突而又不得不做的工作的夹缝之中完成的。有些人因此就得出结论说，建立不受其他任何事务牵绊的、一心一意从事科研工作的机构要好一些。这一类的科研机构事实上也确实已经组建起来了，并且也创造出了良好的工作业绩。然而从根本上说起来,这些科研机构仍然只是大学的分支。从长远的角度来看,它们只有保持与大学的联系才能蒸蒸日上。它们要倚靠大学向它们输送学术新进。更重要的,科学研究在本质上要依托于知识的整体,要依托于和各个方面的专家有充分的交流机会。有些科研机构由于自身研究工作的特点,不能够坐落在某些特殊的地方,那它们最好是坐落在大学城里面。在某个特殊的时期之内,某个特定的科研项目或许能够取得惊人的成绩,尤其是在自然科学领域。但只有在科研工作与知识的整体保持着经常性联系的前提下,研究的意义才能够彰显,研究的价值才能常青。就单个的学者或科学家来说,从大学的其他事务里面游离出来,在某个科研机构里面工作一段时间,甚至将整个余生都在科研机构里面度过,或许是会得益的。但他所取得的成绩,却是在和他有朝一日或许会重新返回的学术团体的密切交流中,才最后完成的。更重要的是,教学工作本身经常——甚至是绝大多数时候——都是科研工作的促动因素。

最主要的,教学所需要的某些生死攸关的财富,只有科研工作才能提供给它。所以,科研和教学的结合是大学至高而不可替代的基本原则。这种结合之所以必要,不是

第四章　研究、教育与传授

因为这是一项经济方面的衡量指标，也不是因为这种联合独立地为科学家或者学者从事研究工作提供了财力上的保障，而是因为，从理念上来看，最好的科学研究人员同时也应该是首选的独一无二的教师。这个科研人员或许在教学方法上并不称职，也就是说，在教授纯粹的事实这方面他或许是不称职的。但是他能够独立地引导学生接触真实的求知过程，从而也就能够引导学生接触科学的精神，而不只是接触仅凭借记忆就可以传授的僵死的结果。他是活灵活现的科学探索过程的精神所在；在与他沟通的过程中，一个人可以看到知识存在的朴素形态。他也在学生之中唤起了类似的激情。他指导学生直达知识的源头。只有那些亲身从事科研工作的人才能够真正地传授知识。其他的人只不过是在传播一整套按照教学法条理起来的事实而已。大学不是一所高中，而是一个高等学府。

大学都有职业教育学院，学生由此毕业以后，可以从事那些只有具备基本科学观念的人才能从事的工作。这就需要学生熟悉科研工作和科学方法，而这种熟悉是和狭义上的特殊职业训练大相径庭的。对于这些特殊的职业，最好的准备不是死记硬背一个封闭的知识体系，而是学院派和科学式思维能力的培养与提升。仅此一点就可以为此后终生都要进一步进行的理性与科学训练奠定基础。大学只能为职业的训练奠定基础，真正的掌握要靠实践。大学应该尽最大可能为这种最终要通过实践才能实现的进步提供条件。

年轻人必须学会正确地发问。他必须潜心深入到知识的最底层，系统全面地学习它。不过他没有必要囫囵吞枣地把一堆事实照单全收。谁这样对待知识，那样的知识就不会有长久的价值。一旦考试过去，它就会被抛弃到九霄云外。在已经对知识有所了解以后，决定性的因素就不再是已经学到手的东西，而是要看一个人面对知识有没有判断力。因此，关键不在于掌握作为事实存在的知识本身，而是要看一个人有没有这样的能力和主动性，走远一些，自己来审视这些事实，深入地思考它们，看看应该问些什么问题。不是对事实的记忆，而是与实际科研工作的联系造就了这种能力。技术的细枝末节、大纲要目以及诸如此类的东西都只是留待作为书本学习的内容的，除此而外并没有多大的价值。也就是在五十年以前，人们曾经说过这样的话，"高等学府不是高中"（an institution of higher learning is not a high school）。在一个人的理论学习过程中，尽可能多地涉足实用材料，着实是一个很好的理

第四章　研究、教育与传授

念。但即便如此,最重要的因素仍然还是这些:活跃的头脑,抓住并且提出问题的能力、方法的掌握。

大学(university),顾名思义,应该是一个"大而全的宇宙"(universe)。[1]尽管有系科的划分,考察和科研的工作还是构成了一个完整的整体。倘若大学变成了各种专门学院的大杂烩,而和这种大杂烩一道,它还容忍徒有其表、言不及义的所谓"普通教育",那大学也就岌岌乎殆哉了。学术靠的是与知识整体的关系。倘若脱离了与知识整体的关联,孤立的学科就是无本之木、无源之水。因此,教给学生一种不仅包括他所研究的特殊领域而且也涵盖了所有知识门类的整体意识,这应该被提上大学的工作日程。如果丧失了与这样一种学问理念相互关联的意识,或者在实践中杜绝学生躬行践履这个理念,那对整个的学校教育工作、常规方法和知识体系的掌握,都将是有百害而无一利的。

这样说来,大学必须为大学教育这门职业奠定一个双重的基础。它必须灌输一种毕生都在不断增长的对于科

---

[1] 在一开始的时候,"大学"的意思是老师和学生的"宇宙",但是从许久以来,它就变成了这里提到那个意思了。

学观念的忠诚，同时也必须要灌输一种对追寻知识之整体性的忠诚。这两个方面对于所有的智力行业（intellectual profession）都是必要的，因为这些职业所要求的都不仅仅是限于特殊技能的例行公事。医生、教师、管理者、法官、牧师、建筑师，其中任何一种人，从他特有的职业角度来看，都和整体的人有关联，都和整体的人类生活的境况有关联。倘若其中有哪一门职业疏于促进我们和整体之间相互关联，疏于培养我们对整体的感受力，疏于向我们展示知识的广阔视野，或者疏于训练我们从哲学的角度思考问题，那所有这些职业的训练必然是没有远见的，也是不人道的。在某个既定阶段必然要用到的职业常规方面的缺陷可以在实践当中弥补，但出现在学术和科学观念的训练之中的致命缺陷却是不能弥补的。

任何一个投身智力行业中的人都必须得用学术语言思考问题。但是，真正的学者或者科学家，却可以在努力从事这种特殊思考工作的同时，不丧失整体的眼光。所以，进行实际科学训练的最佳方式就是鼓励养成科学研究的习惯。

投身于寻求整体，也就是所谓的"哲学"观点。从这个角度讲，所有的科学都是"哲学的"，只要它不因为手

第四章 研究、教育与传授

段而忘却目的,只要他不因此沉湎于罗列词句与事实,沉湎于摆弄仪器、标本、技巧和孤立的现象,而迷失了方向,背弃了整体的理念。在康德那里,为所有其他的知识门类提供价值依据,这是哲学的绝对价值所在,也是哲学的尊严所在。这样说并不意味着要每个人都去学习哲学。颇有一些人,就是不仅通过别具一格的发问方式,而且恰恰就是在他对"普通哲学"(philosophy in general)的攻击里面,表明了自己的哲学倾向。但是,真正休戚相关的哲学应该是涵咏于科学和人类生活之内的哲学,而非仅仅停留于字面和行话层次的哲学,这类哲学往往都是哲学的诽谤者们蓄意攻讦的对象。最关键的,是科学研究所据以进行的哲学激情,是为科学研究指出方向的哲学理念和给了科学研究价值与自身目的的哲学意义。真正有价值的哲学思想应该是能够塑造并鼓舞科学家和学者的哲学思想,这种哲学,一言以蔽之,就是充实了大学之整体的哲学。存在着为哲学预备的特殊交椅,也存在着一个特殊的研究哲学的系科,在这些场合,哲学可以在不和整体发生明确联系的情况下,生生不息;这种哲学,只有站在纯粹管理和教学需要的立场来看,才是说得过去的。

作为精神塑造的教育

正规的教育，跟传统习惯一样，往往取决于特定的社会结构形式。教育观念的变化与一个国家在某段历史时期所经历的变化是同步的。教育的主导因素折射着每一个特定社会机体如教派、阶级和民族的支配地位。教育可说是这些社会机体由以使自己一代一代永远存在下去的方式。所以当社会发生革命之际，也就是教育转型之时。尤其是，社会的变革意图在一开始都表现为教育学上的议题。所以，对教育意义和教育方式的考察，顺理成章地就包含着对更大范围的国家和社会问题的考察。理想社会的蓝图，比如柏拉图的《理想国》，就将政治的和教育的组织看作一体双生的。教育把每个个体教化成为社会的成员，而与此同时，社会也是个体教育的一个渠道。

让我们从历史变迁的角度出发，考察一下教育的那些易随这种变迁而变化的方面。时代的社会需求决定了课业所要传授的内容。神学知识是正在受训准备从事神职的人所必需的，语言运用技巧的训练是人文教育所必需的。而如果要造就一个希腊绅士（Greek gentleman），神话和古代传说的知识则是必要的。时至今日，社会学、经济学、

第四章 研究、教育与传授

工艺学、自然科学和地理学知识的重要性大大提高了。教育随着文化模式的变迁而变迁。学校的组织模式是社会结构状况的反映。在过去的历史时期里面,人们曾经尝试过各种各样的教育体制,比如按照财产状况把学校划分为不同的等级,比如为贵族阶级设立专门的学术团体,还有为名门和望族开设私塾教育。所有的民主政体都主张普通的公共教育,因为没有什么能够像接受相同的教育那样使得人们如此相像。

除了考虑到社会学和历史学的因素之外,我们还可以区分出三种基本类型的教育模式。

(1)经院式的教育。这种类型的教育关心的只是传统的"继承"。教师的职责只是照本宣科,他本人并不身临其境地参与到原始的科研工作中去。所有的知识都已经按部就班地被加以系统化。某些作家和某些著作被奉为权威。教师的角色特征是非个性化的;他只是一个传声筒,在任何时候都可以被另外一个具备相应资格的人取而代之。所有的材料都被压缩成了刻板的条条框框。中世纪时候的老师会向他的学生朗诵一篇经文,同时会加以评述。教本的齐全使得他的朗诵显得是多此一举。但是,中世纪教育的根本理念即便到了今天也没有退出历史舞台。一个学生会使自己听命于某些给他提供保护的思想体系，但同时他并没有顺水推舟地使自己听命于任何一个具体的个人。知识被固定在一个条理分明的世界图景（world picture）之中，就像被冷冻处理一样，以便所有时代的人们都可以使用。在这种教育模式之下，学生真正感兴趣的只是那些中规中矩、传之久远的东西，他只想知道结果，并且就像歌德笔下的浮士德那样，只想把白纸黑字的结果带回家去。这种经院式的教育方法在西方理性主义思潮里面仍然是不可或缺的。

（2）学徒式的教育（apprenticeship）。在这种教育模式之下，举足轻重的因素不是非个性化的传统，而是一种让人感到独一无二的个性力量。人们对师傅的人格所表现出来的那种敬重和爱戴，含有某种程度的崇拜在里面。师徒之间的那种天壤之别，不仅仅是由（两代人之间）年岁上的数量方面的差距造成的，更是由一种与生俱来的天性上的悬隔造成的。师傅的人格以一种不可思议的力量对学生施加着绝对的影响。多种多样的动机促成了这样的局面：有的是需要将自己托庇于某人，有的是想逃避责任，有的是想体验那种亲炙崇高的解脱感，还有的是想提升自我尊重的意识，想接受比任何一种自我教育都更其严厉的训练。

第四章 研究、教育与传授

（3）在苏格拉底式的教育模式当中，老师和他的学生应该处在同样的水平。双方都被认为是自由的。在这种模式之下，不存在一成不变的教学制度，在绝对真理面前，毋宁说只有无休无止的辩难和不可救药的无知。个人的责任被推到了无以复加的地步，并且是无所逃于天地之间。在这种模式之下，教育被认为是一门"助产术"（midwifery），目的是扶持引导学生发掘他自身的潜能和力量。他被唤醒来意识到自身的潜力，他的前进动力不是来自外界，而是源于自身。真正起关键作用的不是飘忽不定的经验个体（empirical individuality），而是在我们自我觉醒的过程中浮现出来的本质自我。苏格拉底式的老师会抵制来自学生的企图把他看作权威和大师的迫切愿望。这里头暗藏着来自学生的绝大诱惑。他把学生从自己身边赶走，让他们回到自身上面去。他带着自相矛盾的假面，从而使自己显得变幻莫测，不可捉摸。在这种教育模式之下，师生之间的亲密关系，不是服从与被服从的那种，而是相互之间为真理而切磋琢磨的那种。老师明白他不过是个凡人，他要求自己的学生明确地区分凡人与神灵。

在所有这三种教育模式里面，尊重是一个占据支配地位的因素。在经院教育模式下，尊重的重心就是明白见于社会等级体制之中的传统力量。在学徒式的教育模式下,尊重的重心是师傅的个性特征。在苏格拉底式的教育模式下,重心是精神的超越地位,这种精神给人类生活施加了跨越两个世界的重任。

尊重对于教育是不可或缺的。没有尊重,所有的劳作都将是无用功。尊重是所有教育模式的主旨所在。人类的本性要求他承认这条绝对真理的存在。倘若没有了这条绝对真理,所有一切都将会失去意义。

在现实世界上,这条绝对真理可以在三个层面上反映出来:公共的层面,比如一个人有备而来准备日后参与的社会组织,比如国家,或者以一种制度化的形式表现出来的社团,或者宗教团体;私人的层面;或者同时兼具这两个层面。

教育的本质既然已经变得莫衷一是,教育工作也变得刻板僵化起来。尊重被权威人士通过处心积虑的诡秘勾当人为地坚持着。它也被迷信盲从于个人权威的要求坚持着,被勾起人们服从愿望的做法坚持着。教育工作所赖以为安身立命之根本的那些工作,被单纯"尽义务"的想法所取代。人们不再寻求个人最大限度的发展,而是千方百计地想着要满足他们对名誉和地位的野心。对据说是有用的材

第四章 研究、教育与传授

料的死记硬背取代了通过教育对整个人所进行的全面改造。人们不再用自己的全副身心忠贞不渝地捍卫某种既定的教育理念,而只是一门心思地生吞活剥可以现学现卖的知识;这些知识可以帮助他们考试过关,而考试过关,在一些人看来就可以证明一个人受过了教育。

所有的正规教育,都可以任意选择上面所讨论的这三种教育方法之中的一种。但它首先必须要作为一个前提承认上面提及的教育之本质的价值。离开了对这种价值的信仰,所有的教育都是空中楼阁,都不过是在稗贩教学技巧。

一旦教育的本质成为问题,一旦对教育本质的信仰发生动摇,关于教育目标的疑问也就随之出现了。但是,如果不顾及现实的历史情境和我们自己的真正目标,或者简单地说,如果有谁脱离我们自身的生活条件就去冒冒失失地寻觅这一类的理念,他是一定要无功而返的。由于这个原因,下列这类教育学俗语也就没有多少价值:培育特定的才智、推进道德的进步、扩展一个人的参照系、树立个性、民族荣誉感、力量与自主、自我表达的能力、人格培养、塑造对于一般文化传统的统一意识等等。

大学里面的教育,就其本性来说,是一种苏格拉底式的教育。它不是一种养成整全人格的教育,与人们在中学里面受到的教育也不相同。大学生都是成年人了,而不是孩童。他们已经成熟了,应该完全能够对自己负责。教授们不会再给他们布置作业,也不会再对他们每个人进行指导。自由是大学教育最重要的因素,它与历史上闻名遐迩的僧侣教规(monastic orders)和军事学院那些令人触目惊心的学术训练相比,是格格不入的。那种对刻板训练和领导权威的服从,使得每个学生都不能激发起一种真正的求知欲望。它妨碍个性独立的发展,而独立的个性除了上帝以外,不承认还有任何其他的真理来源或约束。

大学教育是一个潜移默化的过程,目的是为了获得一种意义深远的自由。它是在参与大学学术生活的过程中产生出来的。

教育不是一项靠孤军奋战就可以完成的任务。这也就是为什么,紧跟在科学研究与教学不可分割的原则之后,我们得马上交代第二条原则,那就是,科学研究和教学其实也不能从作为一个整体的教育过程里面游离出来。科学研究和职业教育都具备一种教育学上的功效,而之所以会有这种功效,正是因为它们都不仅是传授事实与知识而已,而且更会唤起一种统一性的意识,会培育一种科学的态度。当然,这样一种充满活力的智能的培育比起整全人格的训

第四章　研究、教育与传授

练来说仍然要显得逊色一些。这种训练的内涵要更加丰富。但即便如此，大学教育对整全人格的训练来说，仍然是一个不可或缺的要素。

这样被定位的大学，在教育上会走一条既不是不着边际，也不是僵化刻板的道路。这种风格的教育，一方面对于寻根究底和清明理智的精神内核怀有无限的忠诚，另一方面又会同时抱有一种对于整全人格教养来说命运攸关的理性和哲学的激情。就它成功涵盖了整全的人格教育这点来说，他在严格的意义上提升了一个人的人文素养；古罗马人是这样来定义一个人的人文素养（Humanitas）的：能听取辩论、有理解力、能兼顾别人的论点考虑问题、诚实、自律和表里如一。不过，这种类型的人格品质只是一种自然而然的副产品，而不应该是有意识追求的目标。如果只是出于这个目的而将教育从学术工作中游离出来，以确立教育的发展方向，那么在这个过程中所丧失的东西，恰恰就是理性发展所引以为职志的东西。对于那种取消了文献学和方法论的教学，而只是告知结果，只是提供优美的物品作为观察、赏玩和谈论的对象，对于这种空洞贫乏的"人文主义"教育，我们会心存期待吗？对于那种洞见灵魂深处秘密的教育方式，对于那种使自己服务于宗教需要的教育方式，我们会心存渴望吗？一个大学不同于教堂，容不得宗教饬令和神秘传说，它也不是一个容纳预言家和传道者的地方。大学的宗旨就是在理性王国的领地之内，装备一切必要的工具，提供一切可能的条件，引导每个人开辟全新的知识疆土，引导学生无论在做什么决定的时候都能够反躬自省，引导他们注意培养自身的责任感。这种责任感通过他的求学过程被唤醒，并且也是通过求学过程被提升到尽可能高的水平，达到最清晰的自觉。大学要求一种铁面无私的求知意志。既然求学的过程与个人的主动性是并驾齐驱的，大学就应该寻求最大限度的可能性，以培养个人的独立意识和责任观念。在大学的势力范围之内，除了不可穷尽的真理之外，它不尊崇任何权威；而对于真理，一方面任何人都可以去寻求，但另一方面，谁都不能说自己手中所掌握的真理是十全十美、无以复加的。

大学之理念从人类基本的求知意志中获取它开展教育活动的动力。这种理念不但给受教育的人们提供一种对于目标的执着信念，与此同时，还教会他们具备一种无比谦卑的胸怀。单纯依靠洞见并不能够确定存在的目标或者最终目的到底是什么。但是，无论如何，这样一个目标对于大学来说是毋庸置疑的，也是最根本的，那就是，世界希

第四章　研究、教育与传授

望自己被理解。科学研究之所以要隶属于大学，不仅因为科学研究是职业技能训练的基础，而且还因为大学本身就是为了科学研究的目的而设立的，大学本身的价值也要通过科学研究充分体现出来。学生是未来的学者和科学家。如果即便是在以操作性的而非理论性的手段展示真理的地方——操作性的手段在创造力方面并不逊色于以公开出版物的标准来衡量的科学和学术性的成果——他都能够使自己将思考贯彻整个过程始终，那么在哲学和理性方面，他将有望终其一生都能够不迷失方向。

要在一个理念丛生的世界上自由地生活，对于大学生来说，一眼就可以看出是一件险象环生的事情。他所有的外在指望都被打消，被迫回过头来仰仗自身的能量，因为这样一种自由的生活方式只有靠自己负责才会有前途。教师的传授是自由的，学生的学习从而也是自由的。没有权威，没有清规戒律，没有学业监督，所有这些在中学里面司空见惯的东西，都被禁止在大学里面出现，以免妨碍大学生的生活。大学生可以自由地"走向毁灭"。人们常说，如果你想看到一代成熟的男人，你就必须让你的年轻人经历风险。确实有那么一处地方，在那里人们可以传授学业，可以从事狭义上的学习，可以实践学到的方法。但不管怎样，学生总是可以在不考虑老师利益的前提下，自由地决定他可以在多大的范围内接受老师传授的东西，自由地选择他何时能够独立地阅读文献。

　　从理念上来看，教授和学生之间的结合含有某种苏格拉底式的平等意味，双方所看重的是标准的一致，而非权威上的等级。真正决定一个人权威的，是非凡的才智，而非无知的平庸。我们在一起生活和工作，听命于一个共同的职责，彼此召唤以期达到思想与技巧的最高境界。我们的敌人是自鸣得意的满足和鲁莽灭裂的姿态。我们有一个基本的欲望，那就是接近那些为我们所崇拜的人。对那些以自身存在对我们产生巨大感召力的伟人的热爱引领着我们飞升。但即便如此，师生之间的结合仍然是苏格拉底式的。没有谁会变成权威。悬崖峭壁旁的沙砾也仍然是自由而独立的。因为就算是沙砾，也有自身的独特本质。承认谁是精神贵族只是意味着某人可以对自己提出要求，而绝没有给某人特权，使他可以觉得自己高人一等，或者可以对别人发号施令。有两样东西从根本上将所有大学里面的成员——老师或者学生——整合为一体：一个是某种共同的召唤，召唤所有人最大限度地展现自己的才能，似乎这样做是为了达到事业的巅峰；与此同时，还有一种持续不

第四章 研究、教育与传授

断的压力,要求人们不辜负这个召唤的期望,证明自身的能力。最好是大学里的所有成员都能够在这两种力量的联合作用下,一方面不要沉湎于漫无边际的自我分析(self-analysis),另一方面不要太在意外在的承认。

一直有人在说,大学生应该成为国民的领路人。一些人甚至异想天开地想设立一所培养未来领导人的学校。这类主张是对大学理念的摧残。领导要从一切的阶级和行业中来。专门的知识不仅在大学里面可以学到。学习专门知识并不是学术训练的特权。要求一个领导人具备相当的"文化素养"(intellectuality)固然不错。但实际上,不同的领导人需要的素质条件差别也很大。现在的世界已经不是柏拉图笔下的理想国了,已经不再需要哲学王的统治。权力欲、坚定的意志、深思熟虑的头脑、洞若观火的眼光、实践的历练和纯熟,还有特殊的个性特征,都是至关重要的品质。领导人自然可以出自学术圈子。但就一般的情形来看,学术工作所需要的人格类型往往并不是作为领导人所需要的人格类型。牧师、医生、教师,从某个特定的意义来说,当然都可以算是一个"领导人":或者是由于他正式的权威(而这和大学的理念是风马牛不相及的),只要这种权威在他生活的社会里面是得到认可的;或者他是由于仁慈和智慧的德性而成为某种"领导",而这种德性只是在个人私德的场合才表现出来。这些素质条件都可以作为问题再三被人们提出来讨论,而它们永远也不会成为一种合理的个人要求。或者他也可以因为自己的专业知识而成为一个领导人,但这些知识只能在他的专业领域之内才能证明是有效的。

传　授

学业传授,从构成上来看,包括讲座、研讨班、私人参加的实验小组,还有两个人之间的讨论。

在对各个年龄层次展开的课堂教学之中,讲座占有特别优先的地位。在讲座上,将要学习的材料被展示出来,通过这个方法,听众可以目睹这些材料是怎样被收集起来的,是出于什么样的理由被收集起来的。纯粹的材料可以从书本里面找到。在讲座进行的过程中,听众可以做笔记,并且还得思考讲座的内容。为了领会讲座的内容,他得自己做实验,阅读书籍,扩展知识面。

很难确定讲座好坏的标准是什么。说一个讲座好,那它就必得具备一种不可模仿的独特品质。这些讲座所确定

第四章　研究、教育与传授

要传达出来的意义,与演讲者的个性品质有相当大的差异,这些意义在每个讲座里面都是有价值的。有些讲座是为了启发听众并将听众吸引到讲座中来,有些讲座则试图从理性的角度抓住听众。也有这样的讲座,在讲座上,演讲者浑然不顾听众的反应如何,只是一味喋喋不休地谈论研究工作的进展过程,但即便如此,演讲者仍然想向人们传达出一种来自真正科研实践的真正的参与意识。那些试图概括整个学科体系的讲座是最特别的。这些讲座绝对必要,因为它们在所有的工作细节向前推进的同时,鼓动人们去一览整体。这类讲座应该由资深的、能够高屋建瓴地对自己一生的工作业绩进行概括的教授们来开设。所以也应该开设一些由每个基础学科里面最杰出的教授们从总体上所做的概论性质的讲座。

所谓基础学科,就是说这些学科的特殊细节具有普遍的价值。与辅助性学科和特定的技术不同,基础学科的每个细节都不会仅仅停留在细节本身,而是要以此传达出整体的认知过程。那些以自己的特殊细节成功地反映出整体的学科,靠的就是这种具有象征意味的普遍性。有一些教科书就是讲这种基础学科所固有的普遍性的。一个特定学科研究素材的方式,揭示了这门学科在多大的意义上是一门基础学科。

在过去的几十年里，讲座已经变成许多批评的众矢之的。据说讲座上的话都是一面之词，它们只会在听众当中鼓励一种被动的态度，据说在讲座上没有办法证明听众是否理解并接受了这个讲座的内容，据说讲座的主题通常在书籍里面有更好的表述，从这些书籍里面会学得更快一些。这些反面的意见对于那些蹩脚的、老是在年复一年地重复同样一个死板的知识体系的讲座是适用的，或者对那些未见得比言不及义的高谈阔论高明的讲座也是适用的。但是当讲座真正成为一个教授日常工作的组成部分的时候，当讲座是被精心准备而同时又从一个独特的角度反映了当代学术生活的时候，它就是有价值的。

这类讲座应该属于文化传统中不朽之作的行列。有些杰出学者开设讲座的情形，会让一个人终生铭记在心。而印刷出来的讲稿，即便很可能是被逐字逐句地记录下来的，也不过是干瘪乏味的渣滓。确实，讲座中那些有价值的东西，它的内容，仍然在以印刷品的形式流传着。但是对演讲者本人来说，他交代这些内容却是以这样一种方式进行的，这种方式能够表达出激发他进行学术研究的所有前因后果。通过他的语调、他的手势，通过他对思维过程活灵

| 第四章　研究、教育与传授 |

活现的呈现，演讲者可以在不经意间把课题之中"可意会不可言传"的东西流露出来。毫无疑问，这种流露只能以口头语言的形式、以讲座的形式才能做到。讲座时的具体情境可以在老师心中唤起一些东西，这些东西如果不在讲座之中可能是没有办法发现的。在这里，他的思想、他的严肃，他的问难，他的困惑，所有一切都是发乎自然的。他引领我们步入理性思维的最深处。但是一旦讲座被刻意为之，这一方面的巨大价值刹那间就会烟消云散。剩下来的就只有装腔作势、巧舌如簧、悲歌叹惋、矫揉造作的客套话与视听效果，天花乱坠的蛊惑，大言不惭。所以怎样才能准备出一场好的讲座其实并没有一定之规。一个人应该平心静气地考虑一下这样的问题，那就是把这场讲座看作自己职业道德和职业生涯里面的一个至高点，然后杜绝一切矫揉造作的东西。除此以外，他没有必要做得更多。在过去这一个半世纪里面，从康德到马克斯·韦伯所做的经典讲座都清楚地表明：即便演讲者在表述的过程中有言语上的支吾疏失，即便他的措辞在句法上看起来有缺漏错讹，即便他的声音没有什么感染力，但是只要讲座的精神实质被传达给了听众，所有这些差池对于讲座的深远影响其实并没有什么损害。讲座记录只不过一场生动讲座的乏

味再现。但是，即便在演讲者的形象已经被淡忘的情况下，设身处地地想象一下讲座的实际情境，对我们仍然会是一个挑战。

在研讨班和实验室的工作中，方法的掌握是通过实地接触材料、实验设备和需要通过具体例证来学习的概念来实现的。大学生可以通过自身的努力扩展对这些问题的理解。比较其他的知识传授办法，技术的掌握在这里占用了更多的精力。在这里，我们不应该花费太多的精力来研究那些适合于不同领域、适合于不同的技术熟练标准的教学方法。许多领域都有自己坚实的、驾轻就熟的教学法传统作为学科的基干，而不是作为普通知识传授法的替代品。

设计这些研讨班和实验室的目的，就是为了使我们能够直接接触问题的要害和学问的细节。作为学业传授的方法，研讨班和实验室与单纯讲授知识的学科有着根本的区别，也根本不同于这样一些学科：因为就学生方面来说，有的人不能更快更好地独立完成工作任务，设立这些学科就是为了提高学生们的学术积极性的。因为在每一个细节里面，总体都会内在而曲折的呈现着。所以，书本上的知识，只有在偶然间，只有在那些需要提醒学生自己来填补空白的地方，才会在课堂上面被提及，并且也只是被简要

第四章 研究、教育与传授

地提及。在这里,最基本的功课是要训练学生在知识的前沿进行个人之间的合作,以此来提高他的领悟能力。最能够激发学生独立进行研究是这样一种工作:这种工作假设学生已经具备了基本的教材知识,通过这个工作,他可以处理一个特定的问题,并且能够直接到达问题的核心。教材知识说到底是枯燥乏味的。相反,过分地使自己纠缠在一个题目上又会使人变得目光狭隘。这两者得相辅相成才行。

最后,学业传授也可以采取讨论的形式。在小组讨论的时候,那些最重要的问题被提出来,小组里面的所有成员都踊跃地贡献自己的见解。接下来,这也许会诱使某些小组成员以一种严肃而又活泼的、有来有往的方式单独与老师展开进一步的切磋。在这里,就像理论上说的那样,老师和学生是在同一个水平上彼此遭遇的。他们将共同致力于以一种清晰而精确的风格阐明问题,这种清晰和精确的风格将会唤起双方面的激情,促使他们通过自身的努力,在随后的工作中在这个问题上做出坚实而具有个性特征的贡献。

大学教学切忌"落入俗套"。什么地方的教学在学术上是活泼的,那个地方的教学就会不由自主地采用具有个性特征的形式；然而悖谬的是，教授们只有在他能够完全客观地认清自己的想法以后，他的教学方法才能够真正具有个人的特质。授课过程中那些暂时离开主题的闲谈，如果考虑到了保持课堂教学气氛新鲜与灵活的特殊需要，那这些闲谈就可以既有客观的效果，又不失其个性色彩。

课堂教学在针对一般学生的时候是一回事，在针对少数优秀生的时候又完全是另外一回事。高中和大学最主要的差别就是，在高中，老师必须教会所有托付给他的学生，而在大学，老师却没有这样的义务。大学教育所针对的是一些经过特殊选拔的学生，这些学生心里充满了一种异乎寻常的求知热情，并且也具备足够的求学的精神资质。就实际状况来看，到大学里来读书的学生差不多都应该能够做好必要的准备。因此，选拔淘汰的过程就理应放在大学阶段。

未来的大学生们应该具备如下的品质：对于客观性的渴望和对于学术成就不可遏止的献身热情。这些品质不可能在事前被客观地觉察到。只有少数的学生拥有这些品质，同时，这些品质又以一种完全无法预知的方式分散于人群之中。它们只能被间接地培养，也只能间接地起作用。然而，如果大学想达到自己理想标准的话，那它恰恰必须把

第四章　研究、教育与传授

精力倾注在这少数人身上。在成堆的必修课业面前，在对于智力成长来说既不可避免又绝对必要的困难和错误之中，真正的大学生完全有能力披荆斩棘，镇定自若。善于选择的资质和自我约束的精神会指导他的学习。我们必须有足够的心理准备来接受，甚至可能是欢迎这样一个事实，即，其他大多数的学生，由于茫然不知所措，到头来很可能几乎一无所获。像教学大纲、课业的其他技术性方案这类人工性的指导方法，只会把大学搞成高中，这是和大学的理念相互抵触的。这类方法源自这样一种想法，那就是想使大学迎合一般学生的需要，这种想法以为，绝大多数的学生应该被安排去学习至少可以保证考试过关所需的知识。这套逻辑用于高中是绰绰有余的，但如果用于大学则是有害的；大学里面的学生都已经是成年人了，可是这套逻辑还在考虑着学生成年之前的东西。

不过，大学教育也不能仅仅围绕那几个凤毛麟角的最好的学生转。希腊宗教史家洛德（Rohde）认为，在一百个学生里面，有九十九个对老师的话感到莫名其妙，而那百分之一的人又可以不需要老师。如果事实果真如此，那就未免太让人沮丧了。大学教育不应该只是针对少数的天才，也不应该针对普普通通的大多数，而是应该面向这样一些少数人,这些人一方面能够自立,能够积极主动地处理问题,但同时也需要接受教育。

对于那些比比皆是的资质较差、学习积极性又不高的学生,某种与他们的能力相符的教育或许也是必需的。但就总体来说,大学教育不应该走这样一条迎合大多数人的道路。开设一些难度稍许高于学生接受能力的讲座和研讨班,可以促使他再接再厉地进行学习,这样做比以过分简化学习内容为代价换取学生的充分理解要可取得多。图书馆中的独立阅读与研究、材料的收集和旅行游学,应该从一开始就作为正式课堂教学工作的补充被提上议事日程。一旦教育与上面提到过的尚有希望的少数人中的最聪明的学生步调一致,那大多数资质平平的学生就不得不竭尽全力了。让所有人都满意的教育标准是不存在的。但对第一流的学术种子所表现出来的重视,会给所有人一种激励,激励他们竭尽全力,取得最好的成绩。

某些概括性的教学日程和教学计划表中会有接二连三的讲座安排。对于初学者来说,听取这些讲座的次序并不是无关紧要的。因此就出现了必修课程的计划表。但如果按照这条路子走到底,大学的学习就太过死板了。大学将因此而成为一所高中,每天想着的都是如何以统计学的确

第四章　研究、教育与传授

定性得出令人赏心悦目的平均数字。这将招致大学的破产。当你扼杀学生以他认为合适的方式来学习的自由的时候，你也就把精神的生命一并扼杀了。而精神的生命其实不是别的，它只不过是以无量数的失败和挫折换取偶然的成功而已。这永远都是平淡无奇的作为所无法想象的。当被束缚在课程表和教学大纲、考试和普通标准上的时候，无论是老师还是学生，都没有什么乐趣可言。一种缺乏创见而又令人沮丧的常识氛围，或许可以产生出令人满意的对于"技术诀窍"（know how）和用于考试的事实性知识的掌握。但是，这样一种气氛也扼杀了真正的理解，扼杀了科学研究中冒险精神。

第五章
交　流

大学把人们集合起来，投身于学术或科学的学习，投身于精神生活。大学（*universitas*）的最初含义——教师与学生的共同体——与它作为所有学科的统一体的含义是同等重要的。大学的这个理念要求开放的胸襟，要求人们随时准备将自己与某些事物相连，这些事物意在以自己特殊的学科语言达到一种对于总体的描述。这个理念要求应该有交流存在，不仅要有不同学科层次上的交流，而且要有不同个人层次上的交流。这样，大学就应该给学者们提供条件，使得他们能够和同行的学者，和学生一起开展直接的讨论和交流。按照这个理念的要求，这种交流必须是苏格拉底式的：提出问题，以便人们达到对自己和他人的清晰认识。在共同的思想基础之上所形成的交流气氛，可以催生出适宜于学术和科学工作的条件,尽管这些工作在本质上总是被独立完成的。

富有成果的精神交流可以采取两人之间友谊的形式,可以采取青年团体的形式,可以采取爱情与婚姻的形式。没有必要缕述友谊对精神发展上的重要性,比如格林兄弟(brothers Grimm),或者席勒与歌德;没有必要缕述青年团体对精神发展的重要性,比如早期的德国学生互助会(German student fraternity);也没有必要缕述婚姻对精神发展的重要性,比如谢林夫妇(the Schellings),约翰·斯图亚特·密尔夫妇(the J. Stuart Mills)和勃朗宁夫妇(the Brownings)。

大学是一个不计任何条件千方百计探求真理的地方。一切的科研工作形式都必须为探索真理的目的服务。这种对于真理的极端献身精神在大学校园里面造成了强烈的精神紧张。而这正是促进发展所必需的条件。有时会爆发为精神论战的这类紧张气氛,由于具备在论争过程中浮现出来的共同精神基础,所以这是有意义的。真正的学者,即便是在论战最酣的关头,也会保持相互之间的紧密联系。

他们可以顺利地实现相互之间的交流,因为在大学里

第五章 交　流

面,对真理的探索可以不必承担任何现实的责任。大学所认可的只是对于真理所承担的责任。为真理而奋斗绝不可以与为了经济状况的改善而奋斗相混淆。它不带有任何功利的目的。

然而,一个人对于自己观念所产生的后果和自己观念的现实应用所承担的间接责任却是巨大的,无论这些观念是对是错还是对错参半。观念能够产生什么样的后果是没有办法在事先预料到的。然而,知道存在着这样一种无法逆料的后果,却可以使负责的思想者变得谨慎。黑格尔说:"理论工作要比实践工作的影响更大些。革命一旦在观念领域内完成,现实就不能原封不动地维持下去。"尼采看到了这种责任,并且为之战栗。正是他以最激进、最具破坏力的形式将他的每一个观念都投入现实世界中来。他被极端手段的魔法陶醉了,也被它震撼了;他向着时代的空洞呐喊,却没有听到回声。

有两件事情可以提高交流的质量。一个是不考虑经济方面的因素,并且由于没有经济方面的考虑,不受任何限制的实验就能得到鼓励。另外一个就是思想本身所承担的责任,这种责任,在一种交流的氛围之中比在遇不到任何诘难的闭门造车的情形之下,会表现得更加强烈。

思想规律和精神观念的效力基础在于真理。交流就其本身来说其实是探求真理的一个途径。他通过检验真理的效力来检验真理本身。精神交流使得大学成为这样一个地方，在这里人们可以遭遇那些将自己毕生的精力都奉献给真理探索事业的人。因为大学是绝对不可以与那种将精神的自发性严格地限制在课程和教学的条条框框之中的学校同日而语的。

基于这个理由，大学里面精神交流的方式就是所有的大学成员都负有进行精神方面交流的义务。当大学成员彼此之间谨小慎微地断绝来往的时候，当交流变成仅仅是一种社交礼节的时候，当实质的精神联系被日常俗套弄得模糊不清的时候，大学的精神生活就要开始走下坡路了。自觉反思一下交流的本质或许可以使交流能够展开。

辩难与讨论

在学术圈子里，交流是通过讨论来维持的。我们相互告知对方自己的发现，但是，只有当我们的观念受到质疑的时候，真正的交流过程才开始。这种真正的交流，表现为双方胶着在某些特定的问题上互不相让。这种论战或许

第五章 交 流

会变成哲学上的论战，但是只有当论战所处置的是具有根本重要性的问题的时候，才会这样。论战可以表现为两种形式——辩难或者讨论。

在逻辑辩难（logical debate）中，总是先设定某些固定的规则。依据这些规则，我们就可以合乎规范地推导出某些结论。借助于矛盾律（law of contradiction），借助于逻辑辩论艺术从古代起就已经发展起来的数不胜数的辩论技巧，我们就可以击败对手。总会有一个人获胜的。这种辩论风格的特点就是辩论双方自始至终都想征服对手。根据这样一条规则，*contra principia negantem non est disputandum*（无论如何，你都不能够跟否认辩论规则的人辩论），这种力量角逐型的辩论——即便这类辩论根本无意于追求精神的完整性，但对逻辑形式的澄清来说，辩论推理的过程还是非常有用的——最后总是无一例外地导致交流的戛然而止。

讨论意在促进真正的交流，在讨论的过程中，没有什么直到胜负分晓之前都必须恪守的固定规则和固定立场。能够被讨论双方所接受的前提都还是有待于发现的。双方都努力澄清自己的真正意图。倘若先前的见解没有什么模糊不清的地方，那么，每个已经被发现的原则也都只能作为下一个讨论的起点。每一方都指出对方的那些不证自明的假设,这样在讨论的过程中,共识就渐渐浮现出来了。这里没有终点。也没有什么人是胜利者。那些似乎是"正确"的人,也都对自己的正确性究有几何心存疑虑。任何一个已经得出的结论都只不过是进一步前进的踏脚石。

真正没有限制的讨论只有在两个独立的个人之间才能展开。任何一个第三者都是干扰的因素,很容易把讨论变成一场激发起权力本能的逻辑辩难。我们可以在一个比较大的圈子里面展开讨论,让别人受益。我们这样做,可以抛砖引玉,为更加深入的、在两个人之间展开的讨论奠定基础。我们也可以这样来阐明自己的观点和立场。在这里,不同的意见会接二连三地出现,但这些意见都应该注意,不要即刻展开相互的讨论,这种讨论只有在个人意见可以快速交换的场合才会富有成果。不应该期望得出什么结论。这样我们就有了在一群人里面开展讨论的特殊规则:一个人不能够重复自己的观点,也不能够喋喋不休地坚持说自己的看法是"正确"的。一个人不能企求掌握定论,而应该同意,既要让自己说话也要让别人说话。

| 第五章 交 流 |

作为精神合作之例证的"思想流派"的构成

每一项学术成就或者科学成就说到底都是一种个人成就。它是一种具有个性特征的成就。然而,它却可以通过许多人的合作更上一层楼。合作是从交流之中产生出来的。当这两个方面因素同时兼备的时候,斗志的昂扬、思路的清晰,还有期望的热切,都会达到极致;一个人的想法与另一个人的想法相互激发,就好像球在两个人之间被传来传去。

合作性的科学研究(cooperative rearch)应当与集体性的工作(collective work)区别开来,集体性工作不妨称之为一种智力型工业(intellectual industrialization)。某些东西之所以被生产出来,只是因为工程首脑如此这般指挥工人的结果;这些工人,工程首脑也会把他们称为合作者,但其实不过是他计划链条上的一个个环节而已。

另外一种集体性的工作包含着许多个人(比如大家都在同一个门诊部工作),这些人在一个既定规划之下,每人都针对一个特定的问题承担责任。最后的结果体现了每个个人的努力。但是,他们通过联合工作所弥合而成的这个整体,到头来仍不过是一个靠着口头的和书面的对话与相互批评拼凑起来的总和。

精神传统的连贯性是通过"思想流派"（schools of thought）表现出来的。思想流派出现的途径有两个。一个途径是模仿某位大师，通过引申、改编和其他类似的做法来使他的著作传之久远。另外一个途径与一个牢不可破的精神传统有关，在这个传统之下，学生与老师一样，都是非常独立的，因为这个传统通常都不是围绕着某个单独的个人展开，而是围绕着一个小组展开。在这里我们就会看到一个派别，就会看到一个或许会延续几代人的思想潮流（intellectual movement）。在同一层次上彼此遭遇的老师和学生都会通过双向的交流而受益。竞争促使他们最大限度地发挥自己的潜力。兴致的产生与某个人的想法所激起的反应成正比。竞争和嫉妒被转化成为一种客观的、竞争性的热情。

思想流派的产生是自发的；它们不能被诱导或者被无中生有地捏造出来。如果有谁试图这样做，那只会使得人们的行为矫揉造作、死气沉沉。大量的平庸之辈一窝蜂地涌入学术团体，已经推波助澜地使得遍地都充斥着一种温室文化（hothouse culture），在这种文化里面，有以下两种东西在占据着主导地位。或者是一种表面的、呆板的方法，这种方法显得简便易学，显得随处可用；或者是一套纯然形式化的思想方法，搭配着有限的几条简单原理，它们可

第五章 交　流

以用来作为解释所有事物的万能钥匙。

新颖的观念往往都是从非常狭小的圈子里面露出端倪的。有那么很少的几个人，两个、三个或者四个，他们或许是在一个研究机构或者培训班里面，这几个人在一组共同观念之下，为彼此的交流所激发，于是从这组观念里面就孕育出了新的共同洞见和共同成就。这样一种精神火花，在一帮朋友里面潜滋暗长，通过客观的成就证明了自己的价值；最后就蔚为大观，成了一个思想潮流。

大学作为一个整体，永远都没有可能被这样一种精神统一起来。这种精神只属于一些小圈子。什么时候这一类的小圈子彼此开始交流了，大学也就变得最有活力了。

大学作为不同学科与世界观的交汇场所

在大学里面，所有的学科应该是统合在一起的。各个学科的学生相互遭遇。他们被眼前如此之多的知识形态所鼓舞，所联合。他们之间的相互切磋导致了不同学科统一性的出现。而倘若任由它们各自发展，学科的整体就会土崩瓦解，成为一个松散的、由孤立的学科拼凑起来的大杂烩。它们在大学的联合出现再度提醒人们它们是有联系的，也激励着人们致力于实现它们的总体统一。

然而，不同学科之间外在可见的交流是建立在一个广阔的内在交流基础之上的。对于各式各样的思想潮流，存在着一个基本的诱惑，那就是，即便当各个流派相互交锋的时候，对于异己它们也是承认的。

交流的愿望，会颠覆一切让人少见多怪和疏远隔膜的东西，也会颠覆那些情愿三缄其口，把自己封闭在一个私人信仰天地里面的人。所有有意于跟别人交流的人，都要自觉自愿地承担被诘难的风险，因为只有当他们被逼问到穷途末路的时候，才能够清楚他们的路子是不是对头。这种对于交流的迫切愿望，对于所有思想流派在大学校园里的地位有着举足轻重的影响。

接受大学之理念，在某种意义上也就是接受一种生活方式。接受了这种生活方式，人们就得无止境地探索未知世界，就得让理智摆脱一切羁绊，自由地发展，就得有一种开放的胸襟，就得对所有的事物发问，就得不计条件地捍卫真理，当然与此同时也得承认敢于求知（*sapere aude*）的危险。看到这些，有人也许会得出结论说，只有我们刚刚讨论过的这种世界观才被允许大学校园里出现，从而，所有与大学之理念相左的信仰都该受到监控。但是，这样

第五章 交　流

做将会破坏大学的理念。大学不应该监控那些非正式成员的世界观（Weltanschauung）。它毋宁应该监控这些非正式成员的专业造诣和学术信誉。大学应该对宗派、教会和狂热团体敬而远之，这些组织都试图把自己的观念强加在别人头上。大学之所以要这样做，是因为它只想自由自在地发展，还因为，与其小心翼翼地将自己与非我族类的理念隔离开来，与其在性命攸关的精神对峙中偃旗息鼓，那还不如自生自灭来得干脆。

所有大学要求它的成员所必须做到的不外乎是：良好的职业和学术信誉，对学术工具的熟练掌握，还有学术上的诚实。它甚至准备接纳那些所谓的牺牲理智的人（*sacrificio del intelletto*），接纳那些只要有可能就排斥异己的人。对于做到这一点，大学心目中应该有游刃有余的自信。大学应该过一种充满挑战的生活，而不是乏味呆板的生活。它渴望交流的愿望是如此强烈，以至于它甚至会寻求与那些拒绝交流的人交往。如果一个智力非凡的人已经表现出了一种学术上的才能，并且已经在用一种合乎学术规范的方式工作，那么，即便他的学术工作在旨趣上与一般的路数背道而驰，如果大学拒绝接纳他的话，也是对大学理念的背叛。

有一种要求，认为每一种世界观都应该在大学里得到展现，比如用哲学的形式，用历史学的形式，用社会学的形式，用政治学的形式，这也同样不符合大学的理念。如果某种既存的世界观没有造就第一流的学者，那么这种观念在科学上就没有立足之地。每个人当然都喜欢与跟自己志趣相投的人一起生活。但是，只要一个人承认大学的理念，只要他在未来院系成员的选拔中有发言的机会，他就应该保持一种倾向，把最离经叛道的观点引入大学里面。他这样做，是为了给富有成果的学术争鸣创造机会，是为了不计任何风险地拓宽知识的视野——最重要的，是为了让高超的学术成就和非凡的智力水准成为大学的唯一决定因素。大学不仅应当容忍，更是需要那些与自己的目标截然相反的人被接纳进来。只要这些人愿意在大学的范围内宣扬并且讨论他们独特的信仰和经典，只要他们允许自己的信仰成为科学研究的一个促动，他们对于大学就是有用的。但是，如果他试图用这些信条来主宰大学，如果在学校职位候选人的选拔过程中，他任人唯亲，偏袒自己的信众，如果他企图用先知式的说教取代学术上的自由，那么他就要和坚守自身理念的大学的其他成员之间，进入剑拔弩张的对立状态。

第六章
大学作为一种制度

大学是在一个制度架构之内完成它的任务的:科学研究、教学、学术训练、沟通。它需要建筑物、原材料、书籍、院系,还需要对所有这些的规范化管理。特权和义务必须在它的成员之间进行调配。通过它自身的构造,大学表现出了自己作为一个独立法人整体的一面。

大学只能作为一个制度化的实体才能存在。在这样一种制度里面,大学的理念变得具体而实在。大学在多大程度上将理念转化成了具体实在的制度,这决定了它的品质。倘若将它的理念剥离出来,大学就一文不值了。然而,"制度"本身又决定了不能不对理念有所割舍。理念是永远都不能十全十美地实现的。因为这一点,在大学的理念和大学作为一个制度化、法人化的实体的缺憾之间,就存在着一个旷日持久的紧张状态。

制度在实践大学之理念上的不足

在大学里面,即便是最好的制度都有可能退化或者被扭曲。因此,恰恰是从思想到便于讲授的知识形态的转化,最有可能消磨思想的精神锐气。一旦知识成果被纳入一个约定俗成的学术体系,这些成果往往就表现出一种日薄西山的衰朽气息。这样看来,在哪一点上思想结束而便于传授的知识形态开始,那只是一个习惯做法的问题。不宁唯是,在已经泾渭分明的院系分工体制内,一个优秀的学者很有可能觅不到一席容身之地。而一个平淡无奇的学者,仅仅因为他的工作贴合传统的组织体系,则有可能要更受欢迎。

所有的制度安排都倾向于以自我为中心。尽管说每一种制度架构都要责无旁贷地推进科学研究的进步和研究成果的传播,但是只有毫不懈怠地对它进行补漏纠偏,才能保证它不偏离正轨,尽心尽力地服务于大学之理念。因为众所周知,从事行政管理的组织机构一天到晚脑子里盘算的都只是自己的利益。

第六章 大学作为一种制度

从表面上看起来,大学拥有选拔自己新成员的自由,而这个自由也应该会倾向于做出最好的选择。但在实践当中,这套人才选拔的制度往往会倾向于选择第二流的人物。其实不但是大学,其他所有法人性质的实体,由于受比如惧怕竞争、嫉妒这一类反智动机(anti-intellectual)的蛊惑,在下意识里面往往都倾向于维持一种针对优秀者和庸才的团结。由于惧怕竞争,所以从骨子里面就排斥优秀者,而资质较差的人则出于维护大学名声和影响力的考虑被拒之门外。于是,那些"称职的人",第二流的人,那些在学术上和自己处在同一个水准的人,就被选中。这就更进一步证明,为什么对空缺教授职位的任命权不能毫无保留地交给相关的院系,而是必须交由某个第三方来控制。就像J. 格林所说的那样:"国家没有权利让学术职位任命的监督权旁落别人之手:交由每个院系自主确定它的组成人员的做法,是和更大多数人的普通经验背道而驰的。害怕遇到竞争的念头,甚至会在动机最为诚实的人身上激发起某种恶性的力量。"

当大学从年轻一代里面选拔新人到一个位置上去的时候,这时候所做的决定都是至关重要的。大学绝不会把进入的机会留给随便哪一个已经在学术上做出成绩的人。这样的机会是往往由一个资深教授提供的——在德国，是由一个教授（ordinarius）提供的——这个教授必须在全体员工面前发起这个任命的仪式。在人员任命的问题上，如果教授们不特地禁止自己的学生进入的话，他们往往都是向着自己的学生的。就学生这一面来说，鉴于在这个导师门下求学的过程中所付出的艰辛努力，他们也觉得自己已经赢得了获取这个学术职位的权利——其实他们主张这项权利的理由并不正当，但他的导师出于个人的同情心，却会认为他的主张是合理的。那些能够给自己的学生日后从事学术工作找到门路的教授，总是会有口皆碑，并且也受人追随的。马克斯·韦伯曾经试图遏止这种不健康的惯例，他提出了一条原则：任何一个已经在一个资深教授的门下取得了博士头衔的人，都应该被要求到另外一所大学的另外一个资深人士的门下去从事学术工作。但是，当他尝试一视同仁地把这条原则用在自己学生身上的时候，他即刻就发现，当其中一个学生到另外一个研究机构去谋职的时候，这个学生遭遇到了丝毫都不加掩饰的冷遇，人们都宁愿相信，是韦伯自己看他不中用，把他革出了门墙。

在事关人事任命的关头，倘若一个教授对自己的学生表示出好感，夸大了他们的真实造诣和成绩，同样也会招

第六章　大学作为一种制度

致很严重的指责。应该由学术成果的数量和质量来决定一个新人应不应该当选，对于这条原则，是绝对没有可以商量的余地的。否则的话，大学的衰落就指日可待了。当某种粗鄙的人事任命政策，只是鼓励刻苦工作而忽略独立思考，并且企图用一种小职员式的机械晋升替代通过创造性的工作成果以赢得同行认可的风险的时候，大学的衰落就会来临。鉴于相当多的教师都倾向于接受这种看来不太可能推翻常规或者挑起激烈竞争的刻苦，那么每一位教授就应该把如下这点作为自己的处事原则，那就是只让这样一些在他看来至少会取得跟自己一样水平成就的学生成为院系的一员。他应该留心，发现那些或许会超过他、会比他走得更远的人，他并且应该留心去提携他们，即便他们不是自己的学生。

大学的制度很容易被权欲熏心的学者所利用，成为他们手中的工具，这些人会或多或少不留情面地利用自己的名望、关系和朋友来提携某些人。完全由某个思想流派的几个代表性人物分别执掌大学的权力，这种现象自从黑格尔生活的时代以来，一直就是遭受人们批评的众矢之的。

盛行于大学校园里的理想的自由交流非常容易沦为势不两立的人身攻击。猜疑和嫉妒会有失公允地招致破坏性的攻击。即便是在十九世纪那些文化上发展最为迅猛的年代,这种相互之间的谩骂也是甚嚣尘上。歌德在对比自由交流与独立研究之异同的时候,也认识到了大学里所存在的这个弊病,"在这里,只要那些出于职业需要关注学问的人,对学问本身的内容不闻不问,而只在意金钱和个人权位,那么,就像在所有的地方一样,学问可以从容不迫地发展,也可以沸沸扬扬地发展";还有,"正如我们可以看到的那样,他们彼此憎恶,相互排挤,其实根本就是无事生非。之所以会出现这样的局面,是因为没有人想到去容忍别人,尽管如果每个人都相安无事的话,他们大家都可以过得很快活"。有几条基本的原则,值得每个明智的大学老师铭记,其中一条就是,对于根本就是不怀好意的批评或者由此滋生出来的尔虞我诈,千万不要太在意;应该若无其事地任其自生自灭;或者至少应该消除它的影响,以便于从大学的全局利益出发的、建设性的合作关系可以继续发扬光大。

悖谬的是,这种每个大学成员在理论上都享有的、不受任何限制的科研和教学自由,不仅可以促使相互之间的交流摆脱一切羁绊,从而将每个人都暴露于别人的质疑之前,同样也可以助长这样一种风气,那就是将每个专业人

第六章 大学作为一种制度

士都封闭在他自己的领域里面,把他推到世外桃源里去,使得他离群索居,而不是鼓励他去和别人交流。每个人都给其他所有人更大的自由,以便也为他们自己获取这种自由,以便自己可以不受别人的干涉。有人把大学院系成员的行径和贝拿勒斯(Benares)[1]圣林(holy grove)里面生活在棕榈树上的猴群相比拟:在每一棵棕榈树上都蹲着一个猴子,所有的猴子看起来都非常安静,都只关心自己的事情。但是,一旦有某只猴子想爬到另外一棵棕榈树上去,那它马上就会遭遇到一阵由椰子组成的枪林弹雨。类似地,大学圈子里面的相互尊重渐渐也造成一种情势,在这里面,所有人都可以沉湎于自己的乖戾举动或者奇思异想,最后就变成大学再也没有可以吸引大家达成共识的事情了。共识只是被圆滑地用于正式场合。这样说来,就有可能发生这样的事情:大家都同意其他人所提出的学术职位的候选人,目的很简单,就是为了当这类事情临到自己头上的时候,自己也能拥有这样的自由。基本的批评都被取消了。交流,本该是为了澄清问题和明确主旨而展开的智力交锋,

---

[1] Benares,印度北部的著名朝圣地,自从远古时代以来就非常有名。——中译者注

现在却变成了由单纯的礼貌考虑所支配的、纯粹的外在关系问题。当然,这样做也有某些明智的考虑:单个学者的学术创造力必须靠充分的自由来保证,这种自由甚至要达到在某些同时代人看来是离经叛道或者荒诞不经的程度。虽然讨论和批评必须自然而然地伴随科学家或者学者的工作始终,但是那些以控制个人的研究和教学活动为目的的"官僚化"的批评,不管控制的对象是教授、讲师,甚至学生,都是不能容忍的。在所有已经超出了个人领域的问题上,在关乎一个系或者大学整体利益的问题上,双方面的讨论必须成为一种义务,尤其是当问题涉及新人员任命的时候。在个人领域内,如果按照大学的理念,也没有什么可以替代出于真正交流目的的无拘无束、轻轻松松的讨论。这种讨论是那种不徇私情的真正理性精神的体现。可悲的是,学术自由却往往要反过来取消这种根本性的、真诚交流的自由。

制度的必要性

尽管大学的制度结构存在着上述这些和另外其他的缺点,但并不是说所有形式的制度化都不需要了。倘若没有

第六章 大学作为一种制度

一种制度存在，单个学者的学术生命和学术工作就有付诸东流的危险。学者的学术生命和学术工作应该成为由制度条文来保护的传统的一部分，以便于后来人可以从他们身上受益。特别是，自然科学成就的取得必须要依靠一定的物质条件，而这个条件在单个人是难以筹措的。它们也得依靠某种形式的合作，而这也只有在一个永久性的制度里面才是可能的。

所以我们要珍惜作为一种制度安排而存在的大学，我们也要热爱大学，因为它将抽象的理念具体化了，使之成为可以实现的目标。不管大学的制度有什么缺陷，它毕竟是理念得以实现的场所。它可以向我们确保一个学者共同体（community of scholars）的存在。即便只考虑个人名誉的因素，寄身于这样一种制度安排之中，也能够使人感到一种特别的满足。如果不被大学所接纳，或者被它所驱逐，那对人是一种伤害。

学生和教授们不应该只把大学看成一种权宜之计的制度安排，或者只看成一所简单的学校，一条满足社会学位需求的生产线。他们应该融入大学的理念之中，融入西方世界那种超越国家界限的、有着古希腊和德国双重渊源（Graeco-German origin）的理念之中。这种理念不是某种具体可见的实物,可以用手摸,用眼看或者用耳听。它可以在某种制度成为废墟以后仍然焕发光彩,时不时地在某些个人或者组织里面重现光明。每个靠着这个理念生活的人自然没有必要总是依附于一所大学。但是,这个理念却必须要附着于大学制度,舍此,这个理念就是残缺的、贫乏的和孤立的。按照这个理念生活必然意味着要成为一个更大整体的一部分。

当然,绝不可以从以上这些得出那种傲慢无知的结论,以为大学是精神生活唯一合适的家园。我们热爱大学,把它作为我们安身立命的所在,但是我们也不可以忘记大学的特殊性质和它的诸种局限。在许多情况下,有创见的东西都是在大学以外产生的,它起初遭到大学的排斥,后来才被大学采纳,如此反复,直到最后大学才把它内化成为自己的东西。

文艺复兴时期的人文主义思潮就是在经院式的大学之外产生出来的,并且也遭到了它的反对。当大学变得具有人文气息之后并继而转向语言学的研究以后,十七世纪哲学与自然科学的复兴同样也是发源于大学之外的,并且出现了像笛卡尔、斯宾诺莎、莱布尼茨、帕斯卡和开普勒等这样一批人物。当克里斯蒂安·沃尔夫(Christian Wolff)

第六章 大学作为一种制度

和他门徒的哲学占据大学的时候,一股新的人文主义思潮出现了,它的主要代表人物有温克尔曼、莱辛和歌德,这次同样也是在大学之外。但是在像F. A. 沃尔夫(F. A. Wolf)这样一批伟大哲学家的影响下,这股新的人文主义思潮迅速就征服了大学。其他一些小规模的思想运动,同样也是经常发生在大学校园之外并且长时间被它忽视的。比如马克思主义的社会学、催眠术(hypnotism),在被大学承认为一个正式的学科领域之前就被冷落了很长时间;笔迹学(graphology),在大学里面也是刚刚才被注意到;还有在克尔凯郭尔和尼采影响下发展起来的内省的心理学(introspective psychology)。情况正如J. 格林所写的那样:"我们的大学是一个书本知识大量堆积并且新的书本知识又日新月异、竞相亮相的地方。但是它们往往都忽视一切激进的工作,除非它们在别的地方证明了自己的价值。大学有点像是花园,野草也不必斩尽杀绝。"[1]

尽管如此,一旦某种新的学术倾向已经发展起来,大学迟早都会把它吸收进来,通过进一步的发现和应用促使它更上一层楼,并且还要保护它,使之成为教学材料体系

---

[1] *Kleine Schriften* (Berlin, F. Dümmler, 1864), I. 242.

的一个组成部分。不过，它教授的题目只能是它独立进行研究的题目。这就是在大学里面一而再，再而三地发生着的事情。但是，也有几个著名的事例，其中大学也做过开辟思维新路向的先锋。在这些事例里面，最引人注目的就是康德哲学（Kantian philosophy）的兴起以及德国理性主义（German idealism）哲学的继之而起。还有，在整个的十九世纪，几乎所有的历史和自然科学领域的新发现都起源于大学。

正规大学体制内的个人角色

在由大学体制机构所引发的问题里面，最根本的是体制结构之内人的位置问题。对于大学的生存来说，最关键的是它要依靠人，而非制度，因为制度说到底不过就是一个物质前提而已。评判一个大学优劣的标准，就是要看它能不能吸引最优秀的人才，能不能为他们的科研、交流和教学提供最有利的条件。

从事科研工作的学者，他们活生生的个性特征与制度形式之间存在着一些紧张，这些紧张是没有办法回避的。在那些能够将大学的理念贯彻到底的大学，这种紧张可以引发

第六章　大学作为一种制度

创造性的转换。保守的时期可以和巨变的时期间隔出现。[1]

没有哪种理念可以不经过任何转换直接得到实现。制度、法律和惯例有一种事事都插手的习惯。一旦理念消失,那剩下的就只有干瘪的成规了。举足轻重的东西不能通过制度性的指令被强行捏造出来。当一种制度试图把应该自然而然产生出来的东西勉强复制出来的时候,事情总是会变得危险起来。真正重要的贡献只能由那些长年累月不间断地将自己的心力倾注于探索真理的事业的人做出。

行政管理人员的优劣高下可以通过他们将人员和制度看得孰轻孰重这一点来评价。引入人的因素,是为了给制度灌注生机。有某些古代的制度存在下来了,并且还在持续不断地起着作用,单是这一点就反映出很深邃的智慧。然而即便是这种智慧,也要在很大程度上依靠它现有成员的素质。所以,单个人的个性特征与制度之间是相辅相成的。它们作为对立的两极(polarity),时时刻刻都处于紧张之中。

---

[1] 本段的意思是说,在将大学的理念贯彻得比较好的地方,制度的形式虽然注定要束缚学者的手脚,但是因为大学之理念的重心毕竟在人,所以这些大学还是有办法让人们最大限度地摆脱这些束缚,尽最大可能地让人们焕发自由的科学精神。——中译者注

制度是一种有目的的体制安排（mechanism），设计制度的目的是为了使事务的处理更加安全也更有保障。制度确立了一些形式，这些形式，在它们被刻意地改变之前，一直都理所当然地保持其生命力。遵从这些形式和规章是从事脑力工作的一个条件。它为脑力工作提供了前提和秩序。正规的规定应该被限制在这些前提之上，并且即便是在做了如此限制的情况下，它们也应该尽最大可能地清晰易懂，以便使人乐于遵守，直到它们变成了人们的第二天性。在这样遵从制度的过程中，一个人实际上是提高了自己的自由度。

在每一种制度里面，在显而易见的个人才能的差异之上，都存在着等级和权力上的差别。如果没有领导存在，合理的组织是不可思议的。最初的领导形式是有一批学生非正式地聚集在一位老师周围。今天，领导的形式是有一位科研的领导人以一种制度化的方式监督着他的研究机构和研究助手。只有这位负责人同时正好是那一位具备杰出才智的人，这才是可以忍受的，甚至是值得期许的。在永久性的制度中，这种事得靠运气才能够碰得到。不能忍受的是那种外行的治理，这些人企图以满足自己的权力欲望来补偿才能上的匮乏和对自身的不满情绪。那些具备领导

第六章 大学作为一种制度

天赋的有创造力的人们是这类工作的绝佳人选。这些人对自己的局限非常有自知之明,所以他们就把一切可能的自由留给下属,希望这些人甚至走得比自己更远。

就其本身来说,永远让人满意的制度是没有的。制度是被制度程序上叠床架屋的细枝末节搞坏的。简洁是最难实现的事情。操之过急的简化只会导致简陋。

通过"简单的"手段,复杂的关系非但不能解决,而且还会被破坏,比如,将科研机构与教学机构分开,将纯粹理论科学与应用科学分开,将自由教育与专业训练分开,将面向最好的学生的教育与面向大多数学生的教育分开。真正的精神生活只有在教学与科研不但是肩并肩存在更是手拉手存在的地方才会出现。这是一种理想的模式,只有通过人格健全的人们的工作才能实现。

人员与制度这对立的两极会招致截然相反的错误。一面是对个性的膜拜,是对原创力甚至离经叛道的礼赞。另外一面则是对凝重而空洞的组织的强调。这两个极端都会导致不合情理的情形出现——一面是由于为传统而传统,一面则是由于为创新而创新。大学处在这两者之间,它的态度实在可以说是勉为其难:它应该避开这两个极端。它应该容忍个人的离经叛道,它应该接纳新颖的个性,它应该为各种巨大的极端提供聚会的舞台。即便在没有个性崇拜的地方,个人仍然是重要的,因为理念只有通过人群之中单个人的努力才能实现。大学里面也要有一种级别和功绩的意识,有一种尊重老人的情感。每个学者都希望感到自己在同事之中受到欢迎,都希望被同事们所推许而不是被他们压制。

第七章
知识的宇宙

从起源上来说,各式各样的科学其实都来自实践经验,来自医疗技术,来自实地调查,来自建筑工人和油漆匠的作坊,来自航行。科学知识的统一是一个哲学理念。在实践中,统一性的哲学理念会变成对一个单一的知识有机体(single organic body of knowledege)的寻求。由此就开始了各个知识分支向着同一个目标的合作。

实践教学(practical instruction),如果回溯到远古时期,关心的并不是知识的整体性或纯粹性,而是从事某种特定职业所需要的实践技能。与此相反,与大学的理想声气相通的科学教学(scientific instruction)则试图以那种统一性的理念将我们引领到所有知识的共同基础上来。科学教学鼓励一种特殊的技巧,借助这种技巧,人们可以发现那些将科学教学与单一的科学整体（single whole of science）相联系的实质要素，由此，科学教学的深层次内涵和广阔视野可以变得显而易见。

大学必须自始至终都得迎合实际职业的需求。在这个方面，它跟原先的职业训练学校有点像。但是，在它满足这些需求的时候，它又通过确定这些需求在知识整体中地位的办法，附加了某些全新的东西。

这样说来，从一个方面来看，大学类似于一个职业训练学校的杂烩，这些学校彼此之间是隔绝的，或者类似于一个分门别类的百货商店（department store），其中有充足的货源，可以满足各种口味的需要。但是从另外一个方面看，很显然，这些都是表象，因为，如果事实果真如此的话，那大学就只有分崩离析这一条路好走。大学存在的事实本身，就说明了所有知识门类的统一性与整体性，而每一个单独的知识门类只是为了让我们能够在一个更加广泛的意义上来理解知识的统一性与整体性的含义。

然而，知识的整体性又给我们呈现出在所有知识中划分门类的任务。大学的院系划分在表面上看起来是为了完成这个任务，但其实并没有完成。虽然他们永远都不可能完成这个任务，但是他们相互之间必须有关联。

第七章 知识的宇宙

任何一个大型大学的课程表（course catalogue）可以作为一个初步的引导，给学生展示现存的不同知识门类。我们看到，大学被划分为不同的系科（faculty），而这些系科，又依次按照几乎可以说是数不胜数的研究主题，被划分成院系。显而易见，从整体上来看，这个课程表并不是某个总体规划的产物，而只是一个缓慢的历史增长过程的产物。

知识的分类

既然作为一个宇宙而存在的知识理念并不是来自实践的操作过程，而是来自哲学，那么，这种理念的生命力就系于哲学方面的自觉在整个大学里的传播。

在最初的时候，知识乃是一个整体的理念曾经推动人们按照不同的参照体系来划分知识的各种领域。划分的办法很多。但是，没有哪一种可以声称自己是绝对的真理，是绝对正确的。那些确定无疑的划分办法常常反映了某些人的雄心，他们确信自己已经在偶然之间瞥到了事物的整体和事物的绝对真理。

因为被视为定论的"绝对"真理眼下正接二连三地出

现，所以所有分类体系所固有的相对性也就变得日益明显。我们的理解力已经被解放了。知识教育性的力量已经不再表现为某种固定不变的世界观和本体论（ontology）。它被这样一种意识取代了，那就是，我们学习新知识的能力是无穷无尽的。

如果有谁摆出一副拥有确定的和正确的学科分类的架势，那就等于伪称在某些固定而绝对的基点的帮助下，某个既定的知识领域就能够被定义，被定位。但其实恰恰相反，如果有谁试图把某个既定的领域与知识的整体相连贯，这也就意味着，要将研究工作推进到那样一些深度，在这些深度上，这个领域表现为一种知识整体的微观宇宙式的摹本（microcosmic replica of the whole of knowledge）。因为，既然每个事实要么就是被它的知识背景所照亮（illumine），要么它本身就在照亮自己的知识背景，那么不在某些点上与知识之整体相联络的意义深远的事实，几乎是没有的。

人们通常都是用对举的办法来划分学科的类别。因此就有：

（1）理论学科与实践学科（theoretical and practical studies）：理论学科就问题本身关注既定的研究主题；实

践学科则把研究的主题作为一种达到实际目的的手段来关注它。

（2）经验科学与纯粹理论科学（empirical sciences and purely rational sciences）：经验科学处理的是时空中实在的对象。纯粹科学处理的是一旦被独立推导出来就可以被理解的概念。数学在诸种科学里面是独特的，因为它只处理理想的对象。

（3）自然科学与文化科学（natural sciences and cultural sciences）：经验科学的对象可以通过两种途径来把握。它可以从外部来把握，比如物体；也可以从内部来理解，比如人类的意识。自然科学运用因果律（laws of causation）或者量化概念（mathematical constructs）从外部解释事物；文化科学或者人文学科（humanities）通过探究目的和手段从内部解释事物。

（4）关注普遍规律的科学和历史性科学（sciences concerned with general laws and historical sciences）：前者研究的一般性的事物，后者研究的是具有特殊性和历史独特性的事物。

（5）基础性科学与辅助性科学（basic sciences and auxiliary sciences）：基础性科学试图通过参照知识整体的

方式来认识事物，从而具有整体的特性和普遍化的品质。辅助性科学则是出于某种特定的实际目标来收集材料或者条理知识。

在所有这些对举分类之中，那些相互对立的科学思维方式，都是相辅相成的。他们的隔离只是暂时的，因为如果永久对立起来的话，其中每一个方面都将是没有什么意义的。在实践当中，每对对立的概念都是同时成立的，没有一种办法可以将这些对立析分为一对毫无瓜葛并且是永久隔阂的两端。

具体的科学，只有通过它们试图以每种自身所掌握的方法来着手加以研究的对象，才能够联系起来。就像被投入池中的小石头所激起的、逐渐扩大而又相互交叉的涟漪一样，它们不再适合于某个固定的分类方案。但是接下来可以想见的是，这些逐渐扩大的涟漪可以按照相对于那些石头的特性和位置，来加以分类。这样说来，诸种科学就可以按照它们内在的、每个层级立基于下一个层级的优先性，排出一个次序，就像物理学、化学、心理学、社会学的次序一样。这将会是一组探究普遍性的科学，或者是宇宙历史、世界历史、生命历史、人类历史、欧洲历史。这将会是一组关注何者为独特的和何者为个性的研究。无论

第七章 知识的宇宙

我们的分类体系如何,结果都将是一组对举的概念则是可以断言的,并且也正是在这个意义上,这种分类体系不是完全的。进一步研究就可以明确,这一类的分类方案都只能揭示某一单独的科学门类,并且也就是在这种揭示里面,显得是不完美的;还可以明确,十全十美的分类是不可能达到的。最好的结果是,某个既定的分类方案可以实在地切中实践研究的特殊领域。

在通常的情况下,任何一个给定的分类方案都有着来自这种方案所倾向的那种特殊科学的依据。几乎每一门科学都时不时地宣称自己是唯一真正的、无所不包的和绝对正确的科学,对于这个事实,可以找出很好的原因加以解释。这个原因就是,每种真正的科学都构成了一个独一的整体。只有在某门科学的整体性被滥用来抹杀其他科学的具有同等合法性的自治的整体性的时候,错误才会发生。强调某门特定科学的片面之词使作为一个整体的科学变得枯竭。

所有知识的统一是一种理想。每一个分类的办法,都是基于某个特定的观点,出于某个特定的精神和历史境况,将这一理想付诸实施的权宜之计。在这个意义上,每种分类的方案都是不真实的。

学术的系科之别

在大学里面,不同的学科并不是像工业活动中的劳动力分工一样,按照一个一以贯之的原则被组织起来;人们在进行分类的时候,没有谁会预先在脑子里面装一幅整体的画面(whole picture)。相反地,倒是出现了很多个别的精神运动,每一个精神运动都从自身的立场出发瞄准知识的整体。各门具体的学科仍然都还是独立的整体。它们不像档案橱柜的抽屉一样,一个挨着一个地排列起来,它们是相互交叉、相互关联的,但彼此之间又不会混淆。在一个无比巨大的独一知识整体观念的指引下,它们彼此交流,但又不会相互僭越。大学的精义,就是人们在行动上既协调一致又自由自在,在生活上既多姿多彩又被整体性的理念所鼓舞,同时各门学科之间既相互合作又各自独立。

今天仍然在使用的学术上的系科划分(departmentalization),在时间上可以追溯到中世纪。地位较高的三个系是神学(theology)、法学(jurisprudence)和医学(medicine)。第四个或者说地位较低的系是后来附加上去的——当时叫人文学科(liberal arts),今天叫哲学系。(这些系科的意义已经随着科学研究意义的转变发生了转变。

第七章 知识的宇宙

在过去的一百五十年里,系科的数目有时会增加,但接下来又会降至原来的数目。在今天,通常都是有五个系科,因为原先的哲学系已经分成了两个系,其中一个是数学与自然科学,另外一个是人文学科。)

这些系科都声称要诚实地反映科学宇宙的真相。它们代表了人类知识的整体。它们是从学术工作的实际需要中来,而不是从学科分类的理论意图中来。在我们的生活环境、知识和科学研究已经发生了几个世纪的剧变的情形下,这些知识的系科划分直到今天仍然维持其生命力,这就证明了它们原初概念的真理性。神学、法学和医学覆盖了科学研究的永恒话题:理解宗教启示(religious revelation),理解公共和私人领域的成文法(statute law),理解人的自然本性。这些研究主题意味要为实际的职业培养牧师、法官、管理人员和医师。它们都需要最基本的逻辑学和哲学知识作为共同的基础。

神学、法学和医学所指向的目标都超越了科学,它们分别指向灵魂的永远得救(eternal salvation)、作为社会成员的人的公共福利(general welfare)和身体的健康。说起来悖谬的是,这些科学门类都是从科学王国之外产生出来的。他们所处理的假设,虽然本身都不是科学性的,但是却赋予科学以本质、意义和目标。神学关心的是灵魂得救，这种得救是以三种方式达到的：通过《圣经》的历史，通过教会，通过教条（dogma），并且以同时代人都能够理解的信仰形式证实其有效性。法学关心的由某个既定的国家所制定并认可的成文法的理性化和标准化（rationalizing and standardizing）问题。医学关心的是保护、培育和恢复人类的健康，医学建立在对人类自然本性无所不包的知识基础之上。

在这些学科之中，每一门都是建立在完全非科学性的基础之上。每一门学科都必须努力把这些前提彰显出来。因为倘若没有这些前提，科学就会像下面这些典型事例所表明的那样，丧失一切意义。

神学所涉足的是超理性的（supra-rational）领域，但它涉足这一领域的方式却是理性的。既然如此，神学就可以激发起一种追求"荒谬"的激情，而不是理性地确立启示的意义。因此，恰恰是自相矛盾倒会被认为能够确认某个主张的真理性；恰恰是对理性的限制倒会被认为能够证实信仰的忠诚；恰恰是对权威的服从会被看成生活的合理途径，即便究其实质来说，这种权威还是要现实地表现为判断和言辞的形式。残忍、狂热、压制异端和冷酷无

第七章 知识的宇宙

情——是所有这些造就了这种神学的激情。

如果情形不是这样，作为信仰基础的启示可能就会被丢失。信仰就会等同于理性的教条，就可以单独地从理性的角度加以推导。但是，因为作为信仰历史基础的启示被抽掉了，信仰本身也就抽掉了。一旦被降低到不加任何约束的理性思考的水平，信仰到头来会成为不信仰。

法学确立的基础是现实可见的、实在的法律秩序（positive legal order）。这种成文法的秩序必须设计得富有意义、前后连贯并且协调一致。自然法（natural law）虽然没有一套固定的标准，但是它毕竟提供了一种判断对错的指导性理念。没有了这个基础，法学就会堕入肆意武断的深渊。成文法之所以有效只是因为它有着国家权力的支持。自相矛盾和非正义（injustice）都不成为有效的抗辩理由。非法（illegality）是要通过法律途径来认定的，思想本身在法律力量的面前也要屈服。

如果情形不是这样，如果一种法学只关心自然法而置实际的成文法于不顾，那么这种自然法也没有什么意义。

医学建立的前提是为了提高所有人作为人类（all men as human beings）的生命和健康水平。这一理想不容许在人中间做任何的区分限制。医疗和救助的要求所关注的，首先是个体。它也会关注大型的团体，但也只是在与个体利益有关的范围内、在保证没有人受到身体伤害的前提下关注。

不过，对于健康的医学关注与身体健康（physical health）本身的概念一样，都是模棱两可的。医学的任务兼容了两种对立的倾向。在个人对于身体健康不可剥夺的权利被取消的地方，在身体健康的意义变成了一套实用但是又过于简单的陈词滥调的地方，医学同样都是没有意义的。

一旦某个特定的种族类型或者生理类型比作为整体的人（man as a whole）更加受到重视，那么就会存在一种动机，就会为了假想中的、作为整体的某些特定集团的利益而去戕害个体的生命和健康。据说是容易散播不利的遗传特性的人，就是这样被强制性地加以灭绝的；而在安乐死（euthanasia）的名义之下，患上智力疾病的人也就是这样被谋杀的。

在这三个所谓的高等系科（higher faculties）里面，理性的理念、自然法（正义）的理念和生命与健康的理念是衡量科研工作必不可少的标准，如果科学研究还想有点什么意义的话。但是在启示、实在法和人类的自然天性里面，却总是存在着黑色的领地（dark powers），对于这些领地，

第七章 知识的宇宙

我们可以无穷无尽地解释下去,但永远不可能完全地理解,而恰恰就是这些黑色的领地给了科学研究实质和生命。

哲学系科享有一种独特的地位。在一开始的时候,它不是为某个特定的职业做准备,而仅仅是为高等系科(神学、法学和医学)做准备。而在今天,哲学系科已经从一个预备性的角色转变到一个根本性的角色了。哲学系科包揽了其他所有的知识分支。现在仍然保留着的那三个系科,都从它们与包含在哲学系科内的那些基本学科(艺术与科学系科)的联系来汲取精神养料。因此,如果只是从科研和理论的角度来看,哲学系科可以以一身而包容整个的大学。任何一种涵盖了哲学系科所有构成学科的知识分类,都是完整的。

在十九世纪,哲学系科丧失了它的独特性和统一性。它分裂了,一方面分裂为一个数学和自然科学的系科(faculty of mathematics and natual sciences),另一方面分裂为各人文学科,而接下来,又由人文学科派生出一个社会科学的系科(social science faculty)。人们会倾向于把各个系科看作肩并肩(side by side)的并存,而不会认为它们会构成一个有机的整体。顺理成章地,大学同一性的理念就丧失了。大学变成了一个杂烩,一个学术院系的百货商店。

有几个原因助成了这种分崩离析的局面：教授人数比其他三个系科都要多的旧有系科的人员的联合；自然科学与人文学科的分裂，而这又导致了疏隔，导致了理解的缺乏和相互的轻蔑；还有就是为不同职业培训人员的需要，比如教学、化学、物理学、地质学和农业。

大学的再度统一（reunification），源自对科学宇宙（cosmos of the sciences）的自觉，不能够简单地理解为将局面恢复到中世纪的统一状况。现代知识和科研的整个内容必须加以整合，也就是说，扩展大学的视野必须推动一种所有学问分支的真正统一。

大学的膨胀

在当今世界，大学一直在不断地建立研究所和教学机构，以此来满足社会不断变化的需求。因此，专门化的技术培训和全新的专业科目安排也要求特殊的教学方式。没有什么可以阻挡大学持续膨胀的势头。这个过程是有意义的，因为所有的人类活动都需要知识。哪里出现了一种知识的需求，大学就有责任在这个新领域里面提前提炼知识，并且传授知识。

| 第七章　知识的宇宙 |

到头来的结果可能只是一种毫无意义的、相互之间风马牛不相及的知识领域的纷然杂陈,这种情形并不少见。在这样的学术"百货商店"里面,天文学(astronomy)和商业管理(business administration),哲学和酒店经营(hotel management),将会发现他们彼此都是一类货色。

无视这些新的学科成员的出现只是百无一用的势利而已。大学的理念要求大学应该对新颖的理念敞开。没有什么东西是不值得学习的,也没有什么技艺是不包含某种形式的知识的。大学只有将这些各式各样的新颖的研究思路统一起来,才是给了它们正当的待遇。大学的使命就是改造并且吸收新的素材和技能,并根据一些提纲性的理念(leading ideas)把它们整合起来,以此来捍卫科学的精神。

存在着两条通过增加相关课题的数量来拓宽课程面的途径。一方面,科学在它成长的自然过程中明确了自身的特点。在这个过程中,每一个新的阶段就像生命的繁殖一样,都保持为一个整全的整体(integral whole)。通过这个途径,精神病学(psychiatry)和眼科学(ophthalmology)在医学内部赢得了一种独立的地位,因为它们在课题素材和具有普遍重要性的科学家方面,均有建树。与此相反,法医学(legal medicine)则没有成为一个独立的研究领域，而只不过是一个技巧和"诀窍"的集成而已。类似的，牙科学（dental medicine），还有耳科学、鼻科学和喉科学，它们的地位都是不确定的，因为这些相关的器官都缺乏普遍性的内涵。这些研究领域缺乏像内科学（internal medicine）、精神病学或者眼科学那样的普遍性意义（overall significance）。公共卫生学（public health）的地位也是模棱两可的。尽管这个领域内的卓越代表确实拥有高超的专业技能，这个领域本身仍然有着实践和技术上的局限；它缺乏一种真正挑战性的理念。单凭在公共卫生领域工作的人们在细菌学方面所做出的贡献，还不足以使公共卫生学跻身基础科学的地位。对于这里所提出的问题，如果想要给出条分缕析的回答，得需要进一步的研究，也需要相关领域的专业知识。我们在这里仅仅关注原则问题：科学析分为新的研究领域是可以接受的，只要某个给定的新领域能够接下来发展成为一个与普遍性理念保持联系的整全的整体，只要它因此而保持为一门基础性的科学。

另外一面，如果有新的材料和技能从外部进入，科学也可以成长。它们需要被接纳，因为它们能够为科学的宇宙做出有价值的贡献。这样说来，比如，相关的文化内容说明了，为什么印度和中国研究是基础性科学而非洲和史

第七章 知识的宇宙

前研究（prehistoric studies）则不是。

不管大学在什么时候膨胀，它都必须从两个方面着手，使自己的眼光既密切关注知识的统一性，又密切关注使这种统一性不断再生的日常工作。不管经历什么样的变化，大学都必须保持对于基础性科学的关注，保持对基础性学科相对于辅助性学科、通过科研工作进行教学相对于单纯的事实和技巧教学这两个方面层级的关注。

大学的膨胀是一个关乎它在当今世界生死存亡的问题。新颖的观念必须得到大学的承认，并且必须化为大学整体的一个组成部分。然而，对于大学是否等同于这个新世界，对于它能否接受这个世界并且服务这个世界，对于这些新知识、新技能能否在大学的精神指引下被吸收——严格说来，离开了大学的精神，这些知识和技能是没有价值的——这些问题都还有待于观察。

神学、法学和医学这三门传统上居于高位的系科所致力于研究的都是人类存在中千百年来保持不变的那些方面。但是，他们并没有覆盖现代人存在的全部。如果看一下已经在大学范围之外建立起来的数不胜数的高等教育机构，比如技术研究机构、农业学院、兽医学院、师范学院、商业管理学校、矿业学校等等，这一点就会一目了然。

难道这些机构存在的本身不就证实了大学生活在某些重要方面的失败吗？这些独立机构的建立不正动摇了大学的理念吗？

如下这点的确意味深长：这些机构倾向于重复大学的某些工作，它们有一种很自然的倾向，要膨胀成为大学，结果，比如我们就发现所有的文科科目，差不多连哲学也要包括在内，在技术研究机构里面甚至都在被讲授。但是，在人文学科里面，即便是优秀学者的出现，经常都不能够孕育出任何比空洞无物的、教育上的例行公事更多的东西，这类例行公事毫无生命力和力度可言，生命力和力度只能来自创造性的学术生活。这样，有创造力的学者经常都感觉生不逢时。在日益增长的现代生活的空虚感和日见增多的花样繁多的专门研究机构之间，是不是存在着某种联系呢？有没有这样一种办法可以让我们迷途知返，从专家式的浅薄、到处可见的无方向感、各种专门学校的进退两难之中返回到某种新的统一性上去呢？有什么样的可能性出现要看人类生活广阔的新颖层面能够在多大程度上被大学吸收进来。医学、法学和神学这三个传统的知识部门已经不能再像中世纪的时候那样，足够应付当今的局面。然而，进展又不能单靠增加部门数量的办法来取得。

第七章 知识的宇宙

不能说无论什么时候,只要有一个新领域在某个地方大规模地出现,就简单地增加一个新的院系了事。即便是一个高度专业化的院系,都必须和一种真正重要的人类生活层面相连。

这不是什么新理念。比如,在1803年,海德堡(Heidelberg)地方政府建立了一个"政治经济学系"(department of political economy),并且临时性地把它安排到哲学类的系科中去。这个系囊括了林业、城乡经济学、矿物开采与勘察、土木工程、建筑学、分析化验和政治组织等"所有一切与公共管理有关的事物:知识、保存、发展和适当的维护"。在这些技术和科学里面,所有最后留存下来的东西就变成了后来为人们所知晓的经济学。很清楚,这个系没有成功地涵盖人类生活之中一个真正的、能够自圆其说的层面。对公共管理的援引,被用作满足互不相干的工作需要的实用大全,而没有成功地提供一个自成一体的理想模式。

然而,这里却埋下了一种后来有了重要发展的现象的根苗,这种现象只是在十九世纪才渐渐成为大众思维的一个因素。这就是日益变得清晰的"技术是人类生活唯一真实领域"的观念。尽管技术的由来已经很久,并且也有了数千年的发展，但是，直到十八世纪末期的时候，它都还只是手工艺的一个部分。因此，它在大体上一直保持未变，一直都是在人类自然环境之内的日常生活的一部分。接着，在最近的一百五十年里，技术给世界历史造成了一个比过去数千年所有事件都要深刻的切口，这个切口的深度，或许只有工具和火的发现给世界历史造成的切口的深度可以媲美。技术成为了一个独立的巨人。它成长，也壮大。它带来了一场全球范围的、统一而有计划的大开发，这场开发产生了财政上的利润。因为折服于技术的魔力，人类似乎再也不能控制那起初源自他们自身工作的东西了。因为技术现在正从事着塑造人类自然环境的工作，从事着像它改变自然、改变技术世界一样的改变人类生活的工作。所以，它在客观上要求我们给予它与神学、法学和医学同等重要的关注，这个要求，直到它在历史性的巨变和最近的历史事件中攫取了我们的注意力为止，一直没有得到充分的认可。

通过设立一个与神学、法学和医学这三个高等系科相并列的第四个系科以扩充大学的规模，这构成了一个真正的挑战。技术展示了人类生活中的一个全新而又方兴未艾的领域。正如技术给人类存在造成的基本影响仍然不清晰

第七章 知识的宇宙

一样,它现在是置身于一个既有计划同时又混沌的发展过程里面。

我们所有人都看到了身边所发生的那些剧变。在公寓和公共建筑方面,在道路修建和交通管理方面,在运输与交通方面,在厨房、桌子和床的摆设方面,在水、气和电的供给方面——所有这些方面所发生的,清楚地表明了我们这个时代的环境与以前时代之差异的剧变都被集结到在一起,不仅是被实用的考虑,被自然科学的力量集结在一起,也是被人类改变他周围的自然环境的奇思妙想集结在一起。

然而,这种对于人类生活的奇思妙想以及用于实现这种奇思妙想的巨大后盾,都远未能够结晶成一个可控而又长久的模式。在广阔的范围内展开的无休无止的技术变革运动使得我们在狂喜与迷乱之间、在最难以置信的力量和最原始的无助之间摇摆蹒跚。

所有一切好像都汇入了科技组织的巨大洪流中,由于某些缺乏适当历史反思的原因,这个洪流从一百五十年前开始涌动,并且直到今天仍然在继续汹涌,仍然在吞没一切。今天,我们感觉到这一宏阔现象一定有着超自然的源头,感觉到所有人都必须按捺住虚无的苦痛情绪，接受它的客观存在。看起来好像有些什么东西即便在半睡半醒的时候也会随时准备醒来，有些什么东西即使到了现在仍然悄悄地潜藏在堆积如山的精巧的技术设备之后，有些什么东西被一些像歌德和布克哈特（Burckhardt）这样的人意识到了，他们用一种混杂着恐惧与厌恶的情绪来对待它。

或许，精神生活和技术的最大利益，可以通过将大学改造成它们相互对话的场所来满足。也或许，用某种意义和目标，可以激活技术以及来自技术的困惑。也或许，在大学的理念之外，可以产生出一种开放、真诚和新颖的东西，在这里面，大学的理念可以得到证明。这样大学就会有效地被从自身加以改变。

只有恢复那种旧式的大学理念，才能使学者将他们所从事任务的重大意义体会到这样一种程度，也就是，一个新的技术系科的产生会从总体上嘉惠于大学。但是，如果大学想获得一个促进普遍重生的机会，那它作为一个整体就不得不分享来自技术系科的回馈（rededication）。大学的重大使命将会是综合所有的知识与实践技巧，创造一种关于我们这个时代的真正总体性的意识；在这样的知识与实践技巧里面，技术系科的整合只不过是一个方面。

第七章 知识的宇宙

与技术学院并入大学一道,还须有其他方面的重大变化。首先,原先的哲学系科必须重新加以统一。自然科学与人文学科的划分必须被超越。只有重新统一才能够为基础性的理论学科提供足够的力量,以应对实践性学科日益扩大的影响和势力。这样可以减少持续孤立所带来的危险,哲学系科在大学里面的持续孤立会慢慢地把自然科学赶到技术和医学的营垒里面,而让其他奄奄一息、百无一用的系科孤芳自赏地留恋着旧日的辉煌。

不仅如此,还有必要将区分基础性学科和辅助性学科的学科等级概念重新介绍到诸种学科里面。

在大学里面,一个技术性系科将会是某种意义上的新生事物。它将不只是一个新型的系科或者学院而已。它将不得不推动大学从事一些全新的工作。大学必须面对现代人的这个重大问题:技术是如何具备了那样一种超自然的基础,使得一种全新的生活方式在技术的作用下成为可能。一旦学者与科学家们开始在密切而持久的学术合作中开始意识到这样的使命,就很难预言有哪些学科可以为这个问题的解答提供最有力的答案。

技术是一门独立的学科,它像其他任何一门学科一样,一旦忽略了自身立论的前提,就容易犯某些严重而特定的错误。比如，神学显得容易从启示的神秘故意堕入荒谬与政治迫害（witch-hunting）；法学容易从对成文法的关注堕入为非法的残忍和放肆提供法律上的缘饰；医学容易从治病救人的基本义务堕入安乐死和对精神病患者的屠杀。类似地，技术也会有时能够实现而有时不能实现它的理想。我们听说过这样的发明家，他们在晚年的时候，由于意识到他们通过自己的发现无意中和间接地所引起的罪恶，而被恐惧的心情打垮了。我们同样也听说过某些种类技术工作的无聊，听说过技术工作目标的专断，听说过单纯技术能力的空虚。但是，所有技术活动的基础在于那种深思熟虑的意志，这种意志试图在这个世界上实现更加丰满的人类存在。

作为哲学系科的附属角色，技术系科并不能比医学系科做得更多。它有自身独立的存在领域和实际任务。然而，就像医学一样，从内在逻辑和教学方法上来说，它也扎根在作为哲学系科一个组成部分的基础性学科里面。

以下是刚刚提到的变化所带来的最直接的后果：当大学把技术研究机构吸收进来的时候，复制物理学、化学和数学的需要就取消了。观念史、艺术史、经济学和政治学也将会变成哲学系科的组成部分。对于技术的需要将会在

第七章　知识的宇宙

总体上给哲学系科灌注新鲜的生命。因为基础性学科将更加有意识地集中在理论探索的共同视野上。它们的教学将被引导到医学、技术和教学的共同问题上来。很难说在单个学者的个性上，这一现象的表现是什么。很可能，教学将会集中在科学与数学思维方式的历史发展上，而通过这条途径，教学将转而将哲学系科的统一推进到单个科学部门里面。

一言以蔽之，大学和技术研究机构都将会从统一之中获益。大学将会变得更丰富，更具包容性，也更现代。它的基本问题将会受到新生命的鼓舞。相对地，技术性的世界将会变得更加深刻，因为它的意义问题成了一个严肃关注的对象。它的自我肯定和它的局限，它的过分乐观和悲剧性的失望，都将被置于更加深刻的背景下接受考察。

然而，具有极端重要性的是，既要承认技术世界作为一种现代现象的独立性和普遍性，同时又不能得出这样一种空洞的结论，说许多其他的院系都可以如法炮制，获得独立系科的资格。无论如何，农学、林业、商业管理等的研究都不能看作与技术系科比肩的系科。这些都是一些纯粹而简单的专业，并没有一个真正具有包容性的研究主题。但是，它们却无论如何也不能从大学里面取消。大学可以自由的教授任何能够教授的东西，只要它能够像上面提到的那样，明确地划分研究性的主题（research subject）和辅助性的主题（auxiliary subject）。研究性主题覆盖了这样一些学科，这些学科的内容和所取得成就的水平使得它有足够的资格可以进入大学。另外类别的主题则不具备进入大学的资格，而只能算是至少在当前情况下大学的附属而已。他们的老师可以在大学的氛围和框架之中工作，但没有必要在一种严格意义上属于大学。

既然大学的成员不仅是从教学表现来判断，更是从它自我引导的研究品性上来判断，所以他就不同于附属主体（比如农业、商业管理等等）的教师。既然投入研究工作的人员关注的是基本问题以及这些问题的意义，他们也就不同于他的技术助手。技术助手将自己局限在收集材料，从事辅助性工作和某些严格限定的初级问题上面。

高等教育是不断增长的就业机会的先决条件。我们可以有两种选择，或者从某种不合时宜、不切实际的等级感出发漠视这种需要，或者做一些事情帮助满足这种需要。如果我们选择第二条途径（小心翼翼地、逐步地，因为这是唯一合理的途径），也会有难题出现，那就是，在大学里面究竟有没有一种长久的、对于孤立"服务"技巧

第七章 知识的宇宙

的需要呢？我们得确定：我们的普遍需要究竟能不能通过专门化的学术技巧，通过一种二流的体力劳动，通过一种丧失了相应的整体眼光的、单纯的、熟能生巧的效率，来得到真正的满足呢？或者确定：就长远来看，这样做会不会留下什么后患？还是即便有什么后患，但至少就当前来说，我们还得学着忍受呢？大学是体现所有人的要求，从而有一种基本的义务来接受所有的申请者，并且把每一个枝节的人类知识和技术都提高到一种比较高的层次上吗？或者它还包含着一种深奥的因素，从而永远只能被少数人理解？

我们绝对不可以让自己被那些反对学术层级（intellectual hierarchy）理念的人照例必然要提出的要求蒙蔽。他们的主张是幼稚的。学术地位的平等是不能通过法令硬性规定的。它只能通过耐心的个人努力，通过（自然而然的学术）进步来赢得。我们也绝对不能被所有人都能够如愿以偿地实现最高贵的人类使命的梦想蒙蔽。这是一个乌托邦式的梦想，是不可能实现的，除非假设它已经存在过了，而它存在的时间其实并没有人知晓，也没有人能够知道它可以在多大程度上被实现。为今之计是大学设立一些学院，这些学院附属于大学，但并不真正是大学的一个组成部分。如果大学不想成为降格以求的、通用标准的牺牲品，它就必须恪守知识贵族的原则（intellectual aristocratic principles）。附属院校从实际上进入大学并不是一纸规定的问题。它只能通过让这些院校以各自的方式达到学术成熟的办法来实现。如果这一点真正做到了，那么学院实际的进入大学就只不过是一个对已经取得的成绩的正式认可而已。

第三部分　大学存在的必要条件

在考虑大学理念的时候,我们必须得考虑一下某些对于这个理念来说既是先决条件又是限制因素的事实。

首先要考虑的是聚集到大学里来的人,他们的态度和能力。(第八章)

接下来要考虑的是国家与社会的力量,它们的意愿和需要是大学存在的支撑。(第九章)

第八章
人的因素

大学生活的一切都要仰仗参与其中的人的素质。一所大学的性格是由在其中效力的教授们所决定的。每所大学都要仰仗它所招徕的那一类人。如果可以体认大学理念的人们不复集结在大学周围,那么即便最真切的理念都将是一场空。但是,如果确有这样的人存在,那么发现并且招徕他们,对于大学来说就成了事关生死存亡的问题。

大学生活对于学生的仰仗,比起对教授的仰仗绝不稍轻。在一所学生资质不称的学校里,最好的教授都会举步维艰。所以,一切还得要看年轻人,他们理所当然地应该具备学习的能力。他们必须表现得不辜负按照他们的最大可能性而赋予他们的特权。一个人能否进入大学,必须通过某种选拔的程序来决定。为了进入大学,就需要开设某些预备性的教育；没有这种教育，在大学的学习就可能会一事无成。更重要的是，寻求进入大学的人必须是可教之材，也就是说，他必须具备那种通过大学阶段的学习能够卓然有所树立的才具、天分和特性。

这里有一个问题，那就是大学应该致力于培养哪种类型的学生：从表面上看，大学应该面向一切人开放；但是就本质来说，大学应该只针对那些最优秀的人。大学的目标是，帮助年轻一代里面最优秀的学生得到自由的发展。但是，到底谁会是"最优秀的"却没有办法事先确定。除此之外，在丝毫都不忽略那帮最有能力的学生，也就是那帮最严肃的、全心全意以真理探索为职志的学生的前提下，千方百计地造就某一特定类型的人才，或者鼓励某一特定类型的人才出现，也是很困难的。对于这批最有能力的人来说，学习和研究不再只是一项苦差，或者只是多种职业选择中的一种；毋宁说，它是一种特权，这种特权可以帮助他创造新的知识，帮助他投身于真理探索的事业，这种特权对于他们来说是一种生死攸关的、个体性的关切。因此，所谓"最优秀的"其实不能用某个单一的标准来限定。他们代表了一大群形形色色的、将自己的生命和最本己的存在等同于真理之客观成就和效果的人。

第八章 人的因素

具备学术研究倾向的人（intellectually oriented person）都是以一种独树一帜的态度献身于学术生活——在他眼里，学术生活并不是得到其他外物、达至某些外在目的或者猎取世俗功成名就的手段，他是为了学术生活而学术生活。因此，在特定的职业境况底下，他会努力实现并且是十全十美地实现某一个既定的职业理想（比如医生、教师、法官等等），他会在每个生活领域努力将作为这一领域必要基础的人之完整性（human integrity）的标准贯彻始终，他也会在学术工作的每个阶段努力将对于这一工作根本意义的清醒自觉贯彻始终。当这样一个人从生活燃眉之急的斤斤计较之中解脱出来的时候，他就会把自己的闲暇有条不紊地用于对内在价值（intrinsic value）问题的思索。如果说他的生活本身就是目的，那只是因为，这种生活与一种客观的精神使命的完成有关，对于这种使命的清醒意识会给人一种深刻的人生满足感。明确地说，最好的人被拣选出来，并不是说他们可以被某些和他们自身的人生追求毫不相干的目的用作原材料（human raw material），而是说，他们的知性（intellectulity）本身可以帮助他们达到恰如其分的个体人性（individual humanity），并且个体人性本身就是目的。

从数不胜数的人格类型里面将某些人挑选出来,这个问题可以归结为三个要点:(1)哪种类型的天资是可欲的?(2)这些天资是如何分布的?和(3)应该由谁来做出选择?

天资的种类

在我们的经验里头,人与人之间既是迥然有别的,又是非常相似的。所有那些为一切人要求平等权利的人,考虑的都是人性共通的方面。这种要求只有在共通的基础与平等真正存在的地方,比如在物质生活与生活需求方面,才是有效的。而强调人与人之间的差异,则意味着要求人们承认并且尊重人与人之间本质上的差别。属于这一派观念的,有那些承认人有各式各样的天资差异并且希望这些天资能够最有效地发挥作用的人们,有那些注意到人类的兴趣与动机,注意到人们对于精神生活的投入程度不同,为了这种生活而做出牺牲的能力也不同的人们。

人们之间的差异着实是非常显著的。对于所有准备面对事实的人们来说,迟早都会得出这样的洞见。实践的经验和测试结果也会认可这一看法。但与此同时,人在

| 第八章 人的因素 |

本质上又是一种面向无限可能性开放的存在。因为严格说来,个体的存在作为一个整体永远都不可能被归入某一既定的才能或者性格类型。所有这些归类的做法都只能说明他的某些方面,而绝不能说明他的整体。为了方便起见,或许可以做出三种分类。它们是(1)不同的天性倾向(variable of aptitude):记忆、观察与学习的能力,对疲劳的抗拒,对训练的适应能力,感官的资质,辨别差异的能力,集中注意力的能力,速度等等。所有这些都是可以用实验加以确认的,并且或多或少都是可以验证的。整组的人可以按照这个标准被划分为不同的等级,从而选拔出那些与特定天资要求最贴近的人。

(2)对智力(intelligence)进行恰如其分的理解要难一些。人们已经尝试过各种各样的技术手段,试图来检验人对于关系(relationship)、适应性(adaptability)和判断力的领悟能力。但在这几方面得出的结论都远不是可靠的。尽管有些时候看起来可靠,但它们也会用显而易见的证据使我们感到意外,比如,一些据测试结果看来根本没有潜力的人会在某个特殊的领域表现出可观的智力水平。存在着一种模棱两可的局面:一方面,人们会强调某种特殊的天分,但另方面人们又会强调一种一般的智力,在这两个方面之中到底应该倾向于哪个,并没有定论。

接下来是(3)智力投入(intellectual commitment)的灵性(spirituality)与气质(ethos)——这些因素既不能够通过实验来把握,也不能够以任何程度的确定性从经验上加以研究。它们是一种个人投入(personal commitment)意义上的才智、一种动机(这种动机不是包含在自我表现、功成名就和出人头地之中的那种快乐)、一种对工作的执着、一种精神上的高贵品格、一种真诚和一种对于学习的热忱。这些品质即便是在那些实际做出选择的考官之中通常也是凤毛麟角的,这些人通常也仅仅具备有限的那么一点点才智。

(4)创造力仅靠客观性的观察是不能理解的。它对一些人来说是天生的,也可以通过艰苦的工作培养起来,或者因为不管不顾而被荒废了。虚度年华、一事无成的天才实在是太多了,他们因为缺乏约束,缺乏自知之明,把天赋都荒废了。只有伴以相当的执着、意志力、勤勉和技巧,天才才能有所建树。有过这样一些天分很高的人,他们最终将天赋丧失殆尽,在智力上也退步了。只要天才的火花得到呵护,它就会创造出基本的洞见、理念和形式。它不能被随心所欲地制造、安排、引发,不能有所选择地、刻

第八章 人的因素

意地加以培养,也不能按照某些标准强制性地加以强化。与禀赋和天资不同,天才是不能通过遗传获得的。玄妙一点说,天才就是一个试验,就是绝对精神(absolute mind)的一次臆想;它是一切精神变化的动力所在。我们都要靠天才为我们发现并且用来支撑日常理解的洞见来生活。我们的敬意应该献给天才,即便是在天才被荒废的地方。感受天才,发现天才,使天才为人所知,这是我们的义务。彻底吸收天才工作的成果,这是我们能够有意识地担负起来的任务。不管天才与我们之间的鸿沟是如何巨大,在每个人心里都有一种天才的冲动和基本的洞见——尤其是在年轻人里面;我们之所以注意到这一情形,是因为在某些场合我们自己也是天才。在天才与除了禀赋和善良愿望之外别无长物的其他事物之间,有着绝对的差别。但是,只有具备天才资质的人,而没有彻头彻尾的天才。天才的火花或多或少地在一切人身上燃烧着。没有人是上帝,但是等级上的差别仍然是巨大的,以至于我们都具备一种本质性的基础,可以感受到我们与天才之间距离的遥远。人与人之间决定性的差别在于,要么是这个天才的守护神统治着他们的生活,要么就是他们主要地被一种社会性的、职业性的和道德性的秩序控制着。

在区分天资、智力、灵性和创造力的时候,我们容易接受一种本末倒置的僵化谬论,以为能力是某种被确定不移地给定的东西。

首先,在天资概念下所出现的几类性格特征(character trait)不能像我们把握简单的实在对象那样来把握,因为它们是独一无二的人性要素,只能部分地被客观的心理学技术所理解。在相当大的程度上,个性与天资只能够被愿意面对人性超验和"整全"(encompassing)一面的哲学家所理解。在超乎纯粹外在性格特征的层面上,心理学的能力倾向测试(aptitude test)是没有什么意义的。根本就没有什么客观的、可以衡量或者检验人之"整全"的标准。

其次,没有人能够在所有的时候都跟他外在表现出来的东西完全一致。就像整个一个民族一样,如果一个传统上的统治集团被某种迄今为止社会地位一直暧昧不彰的、居于被统治地位的新人所取代,那么整个的民族都会表现出变化,对一个人来说,如果一种新的语言和表述环境培育出一种迄今为止都为某人所不熟悉的人格因素,那这个人也会变成面目全非的另外一个人。任何一种人性可能的特定实现,相对于一个人的丰富潜能来说,都只不过是吉光片羽而已;这种实现只是一种倾向于某些特定可能性的、

第八章 人的因素

具有高度选择性的重组（rearrangement）。

再次，人是他自身决断的源泉。在某些点上，每个人都会针对自身做出某个决定。"我不得已而为之"的俗语只不过是一种规避个人自由的托词。

当然可以罗列一个关于人类品质的内容广泛的清单，这些品质是不能改变的，是只能加以接受的。但是，当人们在宣称某些性格特征是确定的时候，或者在假设某种禀赋是从生理上遗传得来的时候，人们无论怎么谨慎，都是不过分的。我并不怀疑这些品质是存在的，我也不怀疑，在提供或者排除了某些可能性方面，这些品质还发挥了意义深远的影响。但是，除非我们是在常规性测试程序的要求下，否则，确定不移地看待这些特征，是并不合适的。人们总是操之过急地给别人下断语。对于性格与能力的科学研究是一桩需要付出严肃而高雅志趣的事业。但是到最后，我们要清楚地明白我们是一无所知的。这正是为什么我们必须留一些空间给教育的原因，也正是为什么我们必须留一些空间给每个人自己来做决定的原因。

对于那些对自己还没有把握的人来说，教育的影响是最为明显的。我们在最早期的、年轻时候的成长过程是至关重要的。不但一个人固定的、可检验的天资具有决定意义，那些不可见的、其中一个的实现会破坏其他另外一些的潜能，同样也是具有决定意义的。对于一个家庭、一个组织、一个共同体来说，它的主导精神（dominant spirit）是可以通过它的行为和言谈方式来确认的；而这些行为和言谈方式是这个团体通过符号（symbol），通过无形中被接受的俗语，通过团体的规章和惯例而采纳下来的。要判断某个团体里面的人，如果只依据表象而忽略了他们所接受、以后将化为他们日常生活之一部分的教育，那永远都是不公平的。尽管全面理解他们的潜能永远都是不可能的，但是为了更多地理解一些，人们还是得看一下，在截然不同的成长环境里面，他们都遭遇到了什么。教育的全部雄心壮志都从对这样一种支配性潜能（dominant potentiality）的确信中来。

尽管没有人能够断然说出自己是谁，自己能够做些什么，但他还是得试一试。严肃的个人献身精神应该成为每个人的唯一指引，这种精神只能由个人的良知来确认，而不可以屈从于外在成见的压力。我没有办法事先知道，通过艰苦卓绝的工作和毅然决然的投入，我最终能够成就些什么。费希特甚至反对对个人能力进行自我反思。能够进入大学的人都应该把自己看作未来的学者（scholars-tobe)。既然每个人都必须努力实践内在于某个既定情形之中的标准,那么在大学里面,一个人也必须把做到尽善尽美看作自己的使命,这不是一个关乎特权的事情,而是一件关乎义务的事情。一言以蔽之,人不是可以被派作某个用场的、固定的物种,人也不是畜生。他们总是处于不断的变化与发展之中,因为他们充满了神秘的可能。

天资的分布与民众的特性

所有的社会都包含差异,这种差异不仅有社会福利方面的,也有——最重要的,并且是不可避免的——社会等级方面的。理想的状况是,最优秀的人同时也是社会的领导,这样,社会方面的层级就会和个人德性与天资方面的等级一致起来。这是柏拉图设计的理想状况。除非哲学家成为政治家,或者政治家成为哲学家,否则社会的状况就不会有改善。

这种理想是不可能完全实现的,因为所有和人类有关的事情都处于流变之中,而没有哪一种已经化为现实的情形会持续片刻以上。出现这种状况的原因有两个。哪些个人价值是最重要的,对于这个问题的看法就是变动不居的。

随着社会、经济和技术世界状况的改变，各种不同的禀赋都会或多或少成为有用的。除此之外，每一种能力方面的差异都会迅速凝结为固定的社会等级。因为倘若没有了永久性和连贯性，生活就不可能继续下去。至于说这种社会等级是世袭的还是通过师徒之间的授受传递的，那倒是没有太大的关系。那些追随最初一批创造性领头人物的人往往都会变成模仿者，他们更多是在占有传统，而不是在创造传统，他们都丧失了最初的灵性。

这样说来，这种理想本身都暴露于堕落的可能性之中。因此，必须依靠每一代人中的最优秀者来填充领导人的位置。社会学意义上的差异本身都在要求有这样一个选拔的过程。不管这个过程是自发产生的还是处心积虑造就的，无论如何它都是不可避免的。有多种多样的力量在影响着这个选拔的过程。教育机会的均等分布作为一个目标只能在有限的选拔范围内才能够实现。每个人都按照他的自然潜力，获得他应该得到的，学到他应该学习的，工作在合适的位置上，这个理想即便在最伟大、最快乐的人身上都没有实现过。从理论上来说，人是无限可能的，尽管存在着有限条件的羁绊。只是在他承认这些条件的前提下，他才是一个人。接受这些局限，并且在这些局限的范围内实

第八章 人的因素

现自由，这是每个人的义务。局限是一种与人类遗传和能力有关的东西。人生活在一个时间表里面，不可能在一个时间里面面俱到。它受到局限一如自己的生命受到局限。他的自然器官加给他不可逾越的局限。但是，他又意识到自己是自由的。限制又是一个与背景和社会环境有关的东西。但是，恰恰就是这些限制面向新的机遇开放着。也就是在这里，一个才具非凡的人会拒绝放弃最后一丝的自由。

在他努力实现自己的时候，在到处可见的局限与高压面前，每个人都应该坚持这种自由。当我搜集某些事实以求推进选拔最佳的人才去接受高等教育的时候，我其实也突破了这些社会限制的某些方面。

可以拿来作为这种意义上的证据的事实，是某个既定历史时期精神领导人物的社会学背景。以此人们可以探究一下杰出人物的社会起源。在1700年至1860年间的德国著名人物之中，其传略在《德国传记集成》（*General German Biography*）中占据两页以上篇幅的，有83.2%来自上层社会，有16.8%来自家庭是手工工人、农民和工人的下层社会。在来自下层社会的人中，有32.7%成了艺术家，有27.8%成了学者，有14.6%成了部长。剩下的职业由比例非常小的那部分人从事。在整个那几个世纪里面，下层社会的人数相对于上层社会要多得多。而德国文化是由那少数迥异于其余数百万人的几万人来支撑的。但是，这并不意味着上层社会的人生来就比下层社会的人有更多的天赋。一个人由此所能得出的所有结论只是，上层社会的人在作为超人成就之前提的教育机会的均等方面，处于更加有利的地位。但是，如果倒过来认为人类的天性平均地分布于一切社会阶级之中，所有的差别都只是机会上的差别，那也是轻率的。如果生理素质可以通过选择性的生殖行为加以调整，那么人们就完全能够预料，不同社会阶级之间会由于一个长久而牢不可破的传统而形成一种能力方面的先天差别。

从本质上来说，人不仅是被"生就的"。他在哪一种家族群体（family group）或者哪一个阶级之中出生，不是无关紧要的事情。他的人性本质是自然禀赋与历史交互作用的结果。生在世世代代都维持一种文化传统的家族的孩子，就根本不同于生在其他家庭的孩子。被忽视的童年是永远都不能弥补的。因此，那些从少年时代就开始濡染古希腊文化之高贵的人们，会终生都保持一种生命的灵感；他们会保持一种优雅的气质，一种高贵的品位和一种对于高贵德性的直觉，而这些，如果没有少年时代的濡染，可

第八章 人的因素

能永远都是无缘亲炙的。即便是最伟大的精神创作在某种程度上都依赖于创作者童年时候的经历。在费希特身上就有某种卑俗的东西——尽管他的天才也有光彩照人的一面——在他的天才里面,有着狂热和狭隘的痕迹——这是他卑躬屈膝的社会生活的反映。

单纯的传统不应该成为选拔人才唯一甚或最主要的标准。但是事实和正义却要求人们承认传统在塑造人方面的价值。在我们这个时代,传统不可替代的价值被人们不假思索地挥霍了。一个人可以听到这样一些误入歧途的言论:"过去的历史全部都是天国和末日。今天,我们开始注意到某种所有人都可以理解、所有人都可以参与的东西。"一切都是真实的,一切也都是好的。很明显,对于一个没有任何传统背景但是必须被引导着实现自我认识的人来说,某个既定的传统并不能构成不言而喻的前提条件。就是这样的人将来也不得不被带到传统面前,即便说作为一个成年人,他将要认同传统的方式,与如果他在童年的时候就认同传统的方式相比会不同。即便是在最好的情形下,单纯的"普通教育"也传达不出人对于知识的基本渴望。终身教育(protracted study)、世代的教养、家族的教养传统,所有这些都助成了个人成长的过程。但是,无论是有可能的话面向一切人开放的学校教育,还是可以允许少数幸运者——尝试某些东西的、舒适的物质条件,说到底都不是决定性的。在所有因素里面,最举足轻重的是清醒的对于目标的坚定性和自我约束。置身于一个有着这样一种文化传统的家族,并不当然就是一种方便。如果配合以一种相应的义务感,它可能会变成一种方便。优越的社会地位也不是一种当然的方便。在过去的五十年里,狂热地占有一切、沾沾自喜于它的价钱而不顾它的内在价值方面,这种唯物主义在上层社会里面已经体现得日益明显。曾经孕育了如此之多杰出人物的传统背景已经一去不复返:清教徒的教堂(parish house)、高贵,还有贵族化的成长环境。根本不可能有这类东西的人工替代品出现。

另外一个与刚刚提到的社会学方面的因素类似的"事实",是一般人,也就是大多数人的素质——这个事实或许是跟刚刚提到的事实的素质一样难于捉摸。任何选拔都要从大众之中选拔,并且是把大众当作一个整体进行选拔;甚至一个统治集团也是由这样的一群大众构成。由于某种让人百思不得其解的历史成见,任何一群大众的素质总是普遍不受人重视。绝大多数人都倾向于认为自己有着比平常人更多的天分,并且只有在不济的时候,他们才会利用

第八章 人的因素

这样一个借口,说自己并不具备某个方面的能力。

在精神事务方面,绝大多数人都摇摆于傲慢与遁词之间。他们努力要表现得比实际所是的强一些。因此,他们会幼稚地试图从头开始再造一个世界,会不明所以地期盼世界会一下子变得正义、和谐而幸福。他们不是用最严厉的自我约束来监控自己的成长,也不想尽应尽的义务,他们对这两个方面都掉头不顾,而是去遵从什么他们所谓的"理念",不可救药地、懵懵懂懂地沉醉于提出一些莫名其妙的要求。趣味的投合不仅存在于某个既定的阶级范围之内,从本能上讲起来,它更是存在于那些资质平庸的人们之中。大众对于杰出表现是仇视的。因为意识到了自己的拙劣,大众也许会推举并且抬高一位领导人,以便由他来推行一套普适的标准,再由他掉过头来轻而易举地欺骗自己。资质平平的人从本能上就主张,政治方面的平等要延伸到智力和能力的领域。固然,也有一些人会认识到自身的缺陷,并且会采取与之相称的行动。但是严格说来,这是臻于超凡境界以后才会有的举动。一个有着强烈知识冲动的人,也许会被自己初期尚有欠缺的素养所掣肘,但是,如果他怀有真正的激情并且甘愿做出牺牲,那他就必须被允许去追随他的使命。

选拔的程序

除了任何一次设计周详的筛选都要具备的因素以外，内在而间接地决定谁将有资格被选拔从事大学阶段学习的因素，是极端复杂的。

早先的时候，据说是有利于实现"适者生存"（survival of the fittest）的"自由竞争"（free competition）被认为是最佳的选拔方式，因为它是最合乎自然的。在这里被忽略的问题是，任何一个既定的竞争，其实都不是由精神方面的能力和志趣所决定的，而更多是被特殊的倾向所决定的。因此，当考试成为唯一标准的时候，成功就变成一个考验掌握规定的事实体系的意志力和能力的问题了。因此，在那些利用自己的空闲时间已经成功地做好了进入大学的准备，甚至已经在从事博士和博士后阶段工作的成年人里面，仍会有这样一些人，他们从来没有超越过机械记忆的层次，他们尽管有百科全书式渊博的知识，却从来没有感受过真正精神劳作的气息。因为他们不遗余力地只是为了取得成功，他们就把自己整个人变成了实现那个目的的工具。

除此之外，选拔会间接地取决于一个人认同某个社会集团的世界观（Welantschauung）的意愿，而成为这个集团

第八章 人的因素

的一员就会获得某种地位。为了在这样一个集团里面得到某种地位,个人就不得不从内在和外在两个方面顺从这个集团的世界观。用不了多久,从个人扮演的角色里面抽身就会变得没有可能。那些竭尽全力中规中矩地遵从公认行为模式的人,也就是功成名就的人。在这里,也是一个人所竭力取悦的某些社会集团的某些特殊倾向,而不是真正的智力水准,成了决定性的因素,比如愿意服从管教,愿意做出妥协,愿意表现得敢作敢为或者优柔寡断。

间接选拔(indirect selection)的这两种程序都说明了社会有没有给学术成就设置报酬所产生的影响。只要学术生活不能带来社会或者经济方面切实可见的报酬,那么就只有那些被坚忍不拔的决断所激励的人才会愿意转向它。然而,只要教育和学术能够在某种程度上带来特权,它们就会在大众之中流行。既然绝大多数人追求的都是能够许给他们以超过他们实际能力的特权和声望的任何东西,所以社会与经济的奖赏所关注的就不是实在的学术成就,而只是它外在的虚名浮誉。被奖励机制相中的那些人,从来不会因为事情本身的原因而对任何事情产生兴趣,从来不会对闲逸和沉思产生兴趣,他们感兴趣的只是毫无意义的"拼命工作"(working hard)与"拼命休闲"(playing hard)

的交替。在这些人眼里,所有的事情都不过是前进的一个台阶,都不过达到这样一个目的的手段,那就是,攫取在社会和经济方面功成名就的报酬,满足永无休止的欲望。

认识到选拔机制不过尔尔会让所有人都悲观失望。但是,如果想到每个人出生不过是一次偶然,那我们在选拔并且吸引适合大学阶段学习的人这方面,就必须要做得成功。如果我们想当然地以为选拔必须依据一个人的能力,以为这种能力必须而且也能够在每一个人身上都客观地加以确认,以为选举应该是直接的、设计周详的,而不是间接的、偶然的,那我们就太操之过急了。

无论在什么情况下,真正伟大的人物都是没有办法通过考试预先选拔和识别的。"我们不得不接受这样一个事实,那就是,尽管常见的才能是可以衡量的,但不平常的才能却是难以衡量的,而天才则是根本不能衡量的。"(格林)因为真正伟大的天才在世的时候都与自己的时代和环境相抵触,所以为了他们的缘故,我们的制度应该保留有足够的弹性,以应付不可逆料的情形和激进改革的风险。全面的组织化和毫无弹性的选拔机制会使得人们的行为为了某些特定的目标而变得整齐划一——而不久会导致整个体制的瘫痪。精神的生命会枯萎。制度会成为衡量一切事

第八章 人的因素

物绝对而最终的权威。

但是，比其他人更多感受到生活之严酷性的伟人，则是例外的，因为他们必须得坚持不懈地为某个不符合任何一个先在模式的生存方式斗争，因而习惯上总是成为政治迫害的对象。出于社会学上的原因而不可或缺的选拔体制，作为一种近似的技术，始终都是有深刻问题的。

即便意识到这点，我们也不能忘记，任何一种选拔在某种程度上都是不公正的。如果我们认为通过合理而坚决的努力，可以杜绝这类不公正的发生，那我们是在欺骗自己。在纠正针对某群人的不公正时，我们不可避免地又会对其他人群制造新的不公正。

既然在这个选拔的问题上，不可能提出最终的解决办法，那我们就必须慎之又慎，保持一种对于人类本性之无穷潜力的意识。对于那些他们的判断和决定可以左右人才选拔的人来说，他们必须以这种方式行使他们的权力，以便可以既不妨碍那凤毛麟角的天才人物脱颖而出，又可以不偏袒那些平庸和资质低劣的人，那些野心勃勃和吹毛求疵的人，或者那些装腔作势和自命不凡的人。

直接选拔（direct selection）可以下列三种方式中的任何一种进行：(1) 通过考试；(2) 通过某个级别比应征者高

的个人来选拔;(3)由某一特定的人群从下面进行选举。

说到考试,它既可以是决定一个人有没有资格学习的入门考试(entrance test),也可以是确认一个人是否已经完成某段学业的期终考试(final examination)。不妨假设一下,在一大群人里面只有少数人才有希望被选拔到中学或者大学学习。有些人或许会着迷于这样的想法:心理学实验能够客观地确定谁是最优秀的。一种实地训练开始之前的倾向确认技术,一种预测某个人真正潜能的技术,当然是极其关键的。但是,我们到底能够测试什么呢?首要的是潜在的智能、仅仅局限于某些特定范围内——没有更多——的实际智力、潜在的成就和已有的工具,而不会是精神的品质、创造力、意志力和无私的精神。如果有谁曾经想到过建造一台"选拔机器"(selection machine),建立这台机器的目的就是为了完全决定一个人的未来,那或许我们早就到达与自主和自由意志相对立的另外一个极端了,而自主和自由意志对于一个人的精神生活来说又是不可或缺的。人们容易落入一种情形的圈套,这种情形就其本质来说,具有一种与遗传性非常相似的确定性,只不过,正如它表现的那样,这种情形远远要比遗传性难于确立,因为它的确定性所赖以建立的基础,不是一种神秘的定数

第八章 人的因素

(destiny),而是一些看起来很有可能对自己的工作连称职都谈不上的人。测试——作为一种辅助个人对富有经验的人做出判断的手段——只有在某个特殊职业需要某种性格倾向而这种性格倾向又是能够加以测试的时候,才可以是有强制力的。

既然在今天高等教育所能够面向的只是整个人群里面的一小部分人,所以先期的高等教育入门选拔就是不可避免的。要求所有能力具备的人都接受高等教育,也就是给整个人群里面能力具备的人以接受教育的机会,而不只是给少数社会阶层里面能力具备的人以这样的机会。它也意味着拒绝用过分专门化的测试程序压制真正的天才。

任何一种入学标准(entrance requirement)都一定要对未来的应征者设置障碍,特别是当相关的学术价值无论用何种办法都难以掌握的时候。很有可能,有些天性是不能加以测试的;很有可能,精神生命是在"松弛"的基础上,是靠着自由运动的能力而旺盛的;也很有可能,一个机构越是被控制得严格,它的反智倾向(anti-intellectual tendency)也就越大。

期终考试跟入门考试一样,也可以用于两种不同的目的。或者他们能够确认在某个指定领域中常规技巧的造诣,除力不胜任者外，所有考试失败的人都可以允许补考；或者它们也被用于淘汰除了尖子生——这些尖子生有时甚至可能有一个事先确定好的数目（*numerus clausus*）——之外的所有其他学生。

至于由地位较高的人们所做出的选拔，这种选拔很难加以制度化，因为只有微乎其微的人才具备必要的资格。适合做这种选拔的人有君主，他们可以选拔自己的顾问；有老师，他们可以选拔自己的助手；有大学的行政管理人员，他们必须凭借自身的职业能力发现那些最适合于任命的人。实际上，个人选拔是一种最可靠、最公正的选拔方式，因为它触及了那些超出一切衡量标准的深层次品质。但是，只有在那些极少数的情况下，只有在主持选拔的人有一种与生俱来的服务欲望，使自己不偏不倚地、客观地投身到审度人类品格和自然天性的工作中去，并且不让个人偏见干扰他的判断的情况下，这种选拔方式才会是可靠公正的。但在大多数情况下，对外来动机的考虑又会取代这种一度是最具个人色彩也最客观的选拔。当集体选择代替了个人选择的时候，就会出现一种倾向于中才的趋势。真正能够洞见人之本质、真正适合选拔人才的天才人物，从来都是屈指可数的。

第八章 人的因素

作为一条规律,教授们往往倾向于对他们自己的学生和信徒青睐有加。他们本能地要忽略超乎他们自己水平之上的禀赋与悟性。也有一些教授反其道而行之,这些人恰恰因为意识到了这种危险,就与自己的偏好和同情心搏斗,结果就落到了相反倾向的田地中去,只是任命那些根本就不是他们真正所需要的人。这里跟别的地方一样,选拔是捉襟见肘的,甚至就是莫名其妙。弄到最后,需求问题成了选拔的决定性动机,而这也恐怕是今天最普遍的情形。人只是被看作达到某个目的的手段。最终决定着人精神存在之特征的个性印记被推到了一边,被当成了"无关紧要的"东西,而这样做也并不意味着说要追求某些更高的"东西",人们追求的只不过是迎合某种特殊的需要而设立的、某些实在可见的外在标准而已。

有的时候,仅仅是由于运气,这种不可言传的选拔合适人选的艺术也可以见诸行事。这种情形可以出现在一个医院里,在这里头,一方面在领导者之间,另一方面在主任医师(chief physician)和助手之间,弥漫着一种彼此信赖的空气。在这种情形底下,这些组织往往会造就一种只为它们自身所具有的饶有性格的精神气质。拙劣的人和力不胜任的人被悄无声息地淘汰下去。腾出来的位置被让给了其他的人。整个机构里面充满了庄重可靠的气息。这样，在好运和个人权威的共同作用下，就形成了一片园地，在这里面，非同凡响的学术工作可以自由自在地完成。

任何一个处在这样的位置，必须自己单独在候选人中做出选择的人，首先都必须要让自己熟悉候选人已经出版的著作，以此来评断它的真实价值。其次，他必须通过与候选人的个人交谈来熟悉候选人。在候选人和主考官沿着相似路线思考问题的地方，做到这点很容易。但是如果候选人的气质对主考官来说是陌生的，而双方至今也没有相同的工作基础和共同的志趣，那么，这种选拔就会变得很困难，也不会再有什么说服力。用一种一丝不苟的态度倾听一下局外人的意见，由此来确定候选人是不是可以贡献出某些有价值的东西，或许也可以。不管怎样，主考官都必须要是胸襟开阔的，他也不能怠惰，将自己封闭于熟知的条条框框之中。就像对待一个客观的学术作品那样，他应该很好地体察候选人所流露出来的会说明他个性的每一条蛛丝马迹，从候选人的身体外形到他的手迹。

第三，这样的做法也是可行的，就是通过多数人的投票来选拔任命一个新人。或者学生可以选举他们自己的老师，或者教师们通过合议选举（co-option）的办法自行选

第八章 人的因素

举新的院系成员。虽说社团性质的组织都必须要诉诸合议,但是大可不必从学生方面的立场出发来投票选举教授。如果评判者恰恰是由那些在考试中他们将要君临其上的人来选举的,那么,从这种情形底下就不会结出什么好果子。事情将总是会发展得有利于那些"最平易近人"的人。接下来,学生在下意识里面就会让自己的判断随着诸如性感、说辞、台风这一类的外在特征的有无而游移。广大的民众总是拜服最好的戏子。当然,也有为数不多感觉敏锐的年轻人会独具慧眼、毫厘不爽地看透老师能力的高下、对材料驾驭的熟练程度的深浅、激发学生思维的力量的大小,甚至是学术档次的高低。他们本能地就能够辨认出什么是名副其实的东西。不过,像他们这类年轻人极少能够控制选举成功所必需的大多数人。

接下来问题就很清楚了,所有这三种选拔技术——考试、个人选拔和大多数人的投票选举——都有它们不足的地方。这些选拔技术都是不能废除的,也是靠不住的。应该剥去它们绝对定论的神圣光环,以便为天才的出现预备空间。当然,作为能力确认的手段,各种考试还是不可或缺的。但是,大学之所以会对考试有兴趣,只是因为考试增加了面向思维活跃的人们开放的教育机会。这种兴趣只能通过提高考试质量的办法，间接地得到满足。通过不间断地提高考试质量和使考试在精神内涵上更加丰富，我们就可以在潜移默化之间从制度上改进选拔的程序。

只有资质平平的学生才能够从一长串与课程学习同步的考试里面得益。独立思考的头脑则总是更喜欢在结束一段长时间的自由学习以后，再单独举行一次考试。倘若大学能要求所有的学生都独立自主，都自力更生，那么他们的理想是可以实现的。只有这样一些学生是成熟的：他们不需要导师，因为他们已经掌握了自己。他们把自己完全暴露于各种学说、观点、调查、事实和好的建议之前，而这样的做的目的只是为了检验自己，并从自身的立场做出决断。大学不是一个寻求按部就班的指点的地方。真正的学生都要有主动性；他们能够确立自己的问题。他们能够清醒地工作并且也明白工作的意义。他们是一些个体，但又是一些通过交流来深化他们个性的个体。他们不是作为整体的一群人，不是资质平凡的人，不是大众，而只是无量数冒险想成为自己的个体。这里面既有真实，同时也有必要的想象。它展现了一种不可企及的理想，同时也展现了一种挑战，让每个人都活出最有激情的自己。

大学阶段的学习应该通过一次单独的考试来结束。这

| 第八章　人的因素 |

次考试的性质是极端重要的。基本上来看,举行这次考试的目的只是为了确认一下已经发生过的事情:它只是学生方面通过使用他们的自由而对自己进行的一次选拔。如果一个完全合格的学生团体被通过一种固定的课程体系加以引导,而这个课程体系又要服从由定期考试所施加的控制,那么大学也就不成其为大学了。与这种做法相反,大学的本质恰恰要求每个人在承认存在着最后可能一无所获的风险的前提下,在整个的求学过程中都施展他自己的自由。因此,我们面临的最重大也是根本上不可解决的问题是,如何才能在大学里面造就一种有利于产生这种独立性的学术和制度气候。这里首先完成的任务就是改进最后的考试。这些考试必须得是简化的,同时还得是富有包容性的:要做到简化,办法就是限制考试涵盖的领域,减少它们的数目;要做到富有包容性,办法就是激发起候选人所有的智能、所有的判断力和所有的能力。

考试应该源于一种真实的评价,这种评价有学生操行方面的,也有他在研讨班和其他形式的团体工作中的成绩方面的。单纯勤奋和分数方面的证据是无关紧要的。工作成绩必须要有切实可见的依据。写得不错的论文也应该提交上去,并且也应该作为一个考试的因素考虑在内。

在考试里面，注意力不能仅仅放在事实性知识的方面，还应该注意到候选人的操行、解决某个既定问题的方法、所使用的方法的种类、对问题的洞察力、以一种与手边要处理的问题相适合的方式写作和表达的能力。

考试的要求可以随着申请者数目和特定职业要求的变换而变换。如果一般人做出的成绩都已经达到了很高的水平，那么选拔的水准也一定要相应地提高。在每种情形底下，候选人都得保持清醒，知道到最后他终归还有可能落选。

关于考试的科目，应该在相当程度上取决于候选人自己的选择。百科全书式的知识编织必须取消。必须要注意：不能够让候选人唯考官教学习惯的马首是瞻，他们应该自由地按照自己喜欢的规划学习，并且靠着对考官所做的某些特定讲演和所主持的某些特定研讨课程的熟悉，成功地通过考试。

大学必须通过经验与观念的相互交流，有意识地确立并且改进它们的考试技术。即使在考试技术的改进方面，考官的技巧起着举足轻重的作用，但制度性的改进仍然是可能的。禀赋和训练两方面的品质对于学术职业来说都是必需的，教育心理学和教育哲学必须使我们保持与这两种

第八章 人的因素

品质的联系。

最后,考试和等级划分必须要尽可能少地进行。它们的数量越多,对它们进行可靠管理的可能性就越小。如果它们在数量上少到微乎其微的地步,那它们就可以被管理得严肃而又彻底。疲于奔命的程序性考试和分数评定,再辅之以过大的事实覆盖面,弄到最后一定是无功而返,因为这种考试已经不再有真正的选拔功能了。除了例行公事的特质以外,它们还给教授的日程上增加了过重的负担,也降低了学术生活的一般水准。

第九章
国家与社会

大学要在良好的政风民情下才能生存。它的生存要仰仗政治的关照。只有在国家关心的时间和地点它才可能存在。国家让大学的存在成为可能，国家也捍卫着大学。

作为国中之国的大学

大学的生存要归功于社会，社会需要在自己的领地内有那么一些地方可以开展纯粹、独立、不偏不倚的研究。社会需要大学，因为它感到在自己范围之内的某些地方纯粹地服务于真理对它自己的利益是有好处的。有些国家会因为惧怕纯粹真理研究所带来的后果而不容忍对自身权力的任何限制，这样的国家没有一个会允许一所真正的大学存在下去。

国家既然已经将大学从自身权力的干涉底下豁免出去，那它也应该尊重大学，保护大学不受其他一切形式干涉的影响。大学的功能是要成为一个时代的理性良心。它是这样一群人的组合，这些人恰恰因为只对真理的发展承担着无限的责任，所以不必对当前的政治承担责任。尽管大学置身于现实事务的世界以外，但它作为一个科学研究的场所，仍然渗透着一种必要的真实感。是知识，而非行动，在它与真实之间建立了联系。为了便于实现纯粹真实的理想，价值判断（value judgement）和实际行动（practical action）都被暂时搁置在一边。

一种远离现实事务舞台的生活之所以是富有意义的，只是因为这种生活被一种好学深思的激情所支撑。这是行动的一种内在化了的形式；是行动在自我约束基础上的一连串凯旋。但是学术生活一旦开始，也随时有可能出现一套独具特色的败坏方式，这种败坏有一种危险，可能会把知性活动的纯净氛围搅得乌烟瘴气。价值判断的搁置可能会蜕化为无关痛痒的漠然；实际行动的搁置有可能会蜕化为怠惰；学术上的谨慎有可能会蜕化为神经质的战战兢兢，不敢迎接任何对自身干枯血气的挑战。

| 第九章　国家与社会 |

在变化世界中变化的大学

社会为大学提供了法律与物质方面的支持，因此大学就可以作为一个为了所有人的利益而开展基础研究的中心，作为一个向出于职业目的而学习的人们提供一种学术气候和实际训练的中心而发挥功能。这样说来，大学一直都在满足国家和社会的需要，而当社会和职业要求发生变化的时候，它也一定要发生变化。

在中世纪，大学得训练神职人员，后来则是训练高级政府官员、医生和教师。一直到十七世纪，关于上帝的知识、神学还有哲学一直都是首要的科目。不过从那以后，技术的影响力提高了，这对专门训练提出了越来越高的要求。最近的、从社会学上来看也是不可避免的一个发展阶段就是允许女性进入大学学习。在过去五十年里，需要经过大学学习的职业数量一直都在稳步上升。而由此导致的大学入学人数的相应增加——这个因素在所有一切事物的控制之外——又致使所有大学成员的态度发生了一个变化，尤其是在师生关系的问题上。从十九世纪到第一次世界大战期间，入学人数的稳步增长已经悄无声息地改变了大学的性质与功能，而从第一次世界大战以后就更其如此。为了迎合这种新的大众教育（mass education）的要求，大学已经被迫采用中学的方法和程序。

但是，社会不仅可以间接地影响大学的整个精神，还可以通过政治的手段施加直接而有目的的影响。在从一个历史阶段到下一个历史阶段的变化中，这种社会对大学施加影响的方式也有翻天覆地的变化。不幸的是，洪堡（Humboldt）给予政府的、永远都不要认为离开了自己就不行的建议，在大学与国家合作的历史上，除了少数几个罕见的也是著名的时刻之外，从来都不被人注意。国家对大学的干涉总是意味着对某几套信仰的偏袒。这在君主政体下是如此，在议会政体下，在一个较低的层次上也是如此；而在激进政权和专制政体之下，这种干涉则往往会达到公开施暴的地步。

政治和社会两方面的影响改变了大学的面目。但是在它众多变换多端的形式底下，还是隐含着不随时间而变化的知性洞察的理想，这种理想按说应该在大学里面实现，可是又自始至终地处在被弃置的危险之中。这种哲学冲动与日新月异的社会需求之间的历史性冲突，表现为一种时段上的间隔：在有些时期，会出现一种各具时代特色的富有成果的合作，而在有些时期，这种哲学理想则要遭受全

第九章 国家与社会

盘的失败。因此一种思想贫乏时代与思想活跃时代的间隔就出现了。大学因为自身的原因而败落的一个途径,就是对外界的大众教育的压力做毫无原则的妥协,还有就是自我降格到中学的水准上去。大学乐于接受哪些公众影响,同样也受制于这些波动的情况。

政府监控的意义

作为一个有着官方执照的法人组织,大学管理着自身的事务,但同时也要向发给它执照并且保护它的国家负责。因此,从法律上来说,它处在一种充满不确定性甚至紧张的双重地位上。尽管大学永远都不能变成一个充分意义上的"国中之国",但是相反的一面,也就是降格到一种被剥夺了所有个性的社会公共机构的层次上,却是非常容易想见的。

事实上,国家与大学的关系几乎总是处于紧张之中,经常表现为公开的对抗。国家相对于大学很容易处于一种优势的地位,并且在事实上破坏大学。因为离开了国家,大学就是无助的。因此,所有的对抗都必须把自己限制在学术的水平。对抗的动机必须发源于大学所表现出来的意识和精神，对抗的目的必须是迫使大众精神澄清自己的思想，辨明自己的合适对象。它必须要避开耍小聪明的政治伎俩，对于维护大学的信誉来说，这些伎俩不仅仅是不适当而已，更是致命的。它必须坦诚而明确地表明什么是自己所支持的。它支配国家是通过真理的力量，而不是通过强迫的力量。这样一种学术对抗的结果将会是国家与大学的合作，而不是由强势的一方摧毁弱势的一方——当然，假设国家果真想协助实现大学之理念的话。如果情形并非如此，那大学就没有别的选择了，只好暗地里持守自己的理想，只好从一切公众活动中抽身而出，去等待现政权的最后垮台。即便如此，如果来自官方的对于大学理想的仇视持续很长一段时间的话，大学也会没有办法维持下去的。

让我们在假设国家与大学之间实现了合作的前提下，借助一些实例看一下国家监控所包含的内容。首先，国家必须承认某些作为大学独立题中应有之义的法律形式，以此来将自己对于大学独立的关切贯彻下去。大学作为一个法人实体，必须确定自己是独立自主的。所以，从根本上来说，大学教授不是一个公务员，而是一个自给自足的法人的成员。公务员所做的不过是贯彻实施上级权力机关的政治决定。他要义不容辞地遵从某些东西，就好像一个法

| 第九章　国家与社会 |

官要受到他只能加以适用的现存法律的约束一样。他的美德在于按照字面的意思将上级的指令贯彻下去。与之相反，教授的基本工作是做出自己的选择。他要在没有任何外来干涉的情况下，义不容辞地想尽一切办法，从他为自己提出第一个问题开始，对自己的科研活动承担起个人责任。他做出决定所依据的是内在于他所从事的工作的标准，这个标准回避外来的预测、即时性的确认和最后的定论。大学教授首要地是要把自己看作一名科研工作者和一名教师，而不是看作一个法人的成员或者一名公务员。

国家的功能只是一个无所不在的、照看大学法人独立性的监管人。大学大可以自然而然地承认国家的这个功能，既不必把国家作为一种必要的罪恶，神秘兮兮地拒绝这个保障自己独立的监管人，也没有必要卑躬屈膝，顺从国家每一个兴之所至的念头。只要与探求真理的事业不相冲突，它就可以充满自信地接受国家的监控。这样的自信一旦丧失，就会招致灾祸。因为国家的监控在许多时候可以保护大学不受那些危及大学真正理想的行为的侵袭。而如果国家对于大学提出什么非分要求的话，大学也有义务义正词严地加以拒绝，并且要把它为什么要加以拒绝的学术原则缕述清楚。因为正是大学方面对自身理想的这种表述才使得国家，这么说吧，能够逐渐了解自己的精神状况，并能够采取相应合宜的行动。而就大学这一面来说，它只有在实现了客观性要求的时候才能够有自知之明。

监控大学的使命给国家带来了严肃的责任。任何一个被委以如许重任的人，我想，首先都应该具备一种学术品味的意识，而在对待被交托给他照料的、在学术方面具有创造力的人们方面，则应该具备一种堪与园艺学家对待他所珍爱的植物相媲美的态度。他必须使所有的考虑都服从发掘、培育学术生命力的任务，这种生命力可以被认识，可以被培育，但不能被"造就"，他也必须随时准备抗击一切相反的倾向。在所有与精神文化有关的事务里面，因为这些事务与人类的特质和个性密不可分，所以监控者的权力绝对不可以用来破坏教授们的道德信誉（moral integrity）。曾经不止一次地出现过这样的情形，也就是，大学在诸如学会组织和接受捐款这一类可见的虚名浮誉中得到了它们在职业信誉（professional integrity）里面所丧失的东西。当教授们被颐指气使地指派、被予取予求地处置、被引诱进某些境况之中、被暴露于严格字面意义的学术政治（academic politics）之下的时候，他们就将跟人类的其他成员没有什么分别，最终都会与最败坏的期许不谋而合。

第九章 国家与社会

管理者总是一门心思地对纯粹的表面文章和立竿见影的成果倾注过多的精力；他们沉醉于攫取权力的快感，沉醉于对感恩戴德的渴望。而从教授这一面来说，他们则倾向于溜须拍马和斜肩谄媚，以求以此来占据先机。理想的状况是管理者和教授之间能够对话，而这些对话又是坦诚的、具有很高的道德信誉水准的。让人失望的情形不可避免地会经常发生。但一种管理的精神是通过它的目标和预期来判断的，而不只是通过发生失望的情形判断的。

在性格和态度方面，一所大学的监控者或者主事者所需要的资质与一个教授所需要的资质是不同的。他必须用一种超然而客观的态度来面对当前的现实，但是也得尊重单个人的个性。他知道，对于世界的繁荣他是有贡献的，但这世界不是他自己的造物，而只是在他的关心之下并且要仰仗他的关心，对此他必须泰然处之，并要从中汲取快乐。他必须得对学术生活的品质做出评价，而且要从这个评价出发，竭尽全力地在财政方面做出决定。所有这一切都需要一种高度的、独立自主的超然态度。一般来说，教授们是不能胜任这方面的特殊要求的。因为是在特定的领域内工作，也因为他们的工作因此而容易具有党派的色彩，所以他们在学术上就专注于某些特殊的兴趣范围，因此就不能足够地超然物外。当然也有例外的情形存在。但是,既然管理者和教授们自来就在承担的任务和必要的禀赋方面有区别,所以人们最好还是不要让以前的教授们扮演一个凌驾于其他教授之上的监控者或者主事者的角色。相比之下,受过法律训练的人和经过训练和选拔的管理者更加合适。如果曾经有教授们表示说他们只接受教授担任管理者的职位,那么对此必须不遗余力地加以反对。至少,处在大学代表人的位置上、对大学负责的监控者,绝不可以被允许去做学术演讲。他的工作必须被限制在全然独立的管理领域之内。

国家监控的目的,只是为了保护大学免受那些一个完全独立的大学很容易遭受的败坏状况的侵袭。对于外来竞争和优异者的恐惧,往往会将一个自我管理的团体变成保护自己内部平庸之辈的垄断性的小圈子。弄到最后,激励和雇佣的模式一定会表现为在标准上面的一个缓慢而且几乎是潜移默化的降格过程。建立在大学自身基础之上的合议体制,会再也造就不出超迈前人的人才,而且会反其道而行之,倾向于一种中庸的普泛标准。

不过,如果在什么时候政治上的利益考虑开始直接干预到大学生活,那么国家的管理者就对大学形成了一种威

| 第九章　国家与社会 |

胁。如果国家不再为大学提供在职业上受过训练的人,而是要从大学里面得到更直接的服务,这与大学的理念是不相容的。因此,如果国家只是要求一些能够达到政治宣传目的的东西,那是灾难性的。任何一种对于教学的政治干预都不能够动摇大学的理念。即便在国家必须采取规范性的行动以制止为了公开政治目的而滥用其职权的大学成员的时候,这种危险仍然是存在的。

国家对于教育有一种直接的关切,因为它需要公务员、医生、部长、工程师、化学家以及诸如此类的人。但是它必须留待大学来决定这种训练应该如何来完成才能取得最好的效果。国家必须将自己限制在一个纯粹监管性的地位。正因为此,所以在欧洲大陆,一方面博士考试必须遵循国家制定的标准,但与此同时,这种考试又是由大学来单独实施。除了推行考试的标准,国家不能干预这些考试的学术内容,而考试标准的维系又是大学理念本身所要求的。

知识贵族制的原则

1930年,美国人亚伯拉罕·弗莱克斯纳(Abraham Flexner)写过如下的话:"但是,民主制是社会和政治方面的可能性,而不是一种知识方面的可能性,尽管就事实方面来说,在知识贵族制下,如果只考虑能力方面的基础而不考虑其他任何方面因素的话,每个个体也都应该是合格的。"[1]

这里牵扯到两个问题。第一个是知识贵族制原则本身的问题,大学内部的等级结构就是建立在这个原则基础上的。第二个是总体上的民主社会对于这个原则所涉及那少数人的容忍问题。第二个问题是弗莱克斯纳所着重强调的。它归根结底会成为一个政治问题。

知识贵族制不是社会学意义上的贵族制度。每一个出生在知识贵族制下的人都应该被给予读大学的机会。这种贵族制包含一种自我成就的自由,它容纳了贵族、工人、富裕的人和贫困的人。但是它总是罕见的,并且也总是局限于少数人,属于少数派。

在人群里面占据多数的人,对于享有特权的个体和少数派组织总是心怀敌意。他们对于有钱人、对于天才、对于文化传统的仇恨总是非常巨大的。但最糟糕的还是,他们痛恨一切在根本上与自己不同的人,痛恨一切被那种天

---

[1] *Universities: American, English, German* (New York: Oxford University Press, 1930), p. 338.——英译者注

第九章 国家与社会

生的、百折不回的意志所驱动去追求知识的人,而这些,绝大多数的人是从来都没有体验过的,但他们却又不得不承认这是一个崇高的挑战。庸人是没有能力奋起迎接这个挑战的,因为他们的意志有一种根深蒂固的软弱性。与之相反,被巅峰所召唤的人却会热爱并且默默地敬畏那些精神高贵、灵性非凡的人们,他们并且会把这种热爱变本加厉地转化成对于自我的鞭策。

因此,无论在什么时候,只要多数人在政治上起决定性作用,一种双重的选拔程序就会持续不断地运作。一方面,人们会本能地排斥那些天资聪颖、锐意进取的人。即使在表面上舆论都是向着有才能的人,但是在私底下,每个人都会同意,伟人对于大众来说是一场灾难。人们所需要的是才智平庸的人。但另外一方面,所有才能在中等以下的人又会被淘汰,就好像才智出众的人被大众通过数不胜数的小伎俩悄然冷落一样。那么,接下来该如何解释由大众所统治的社会集团在事实上的确又会支持在他们之中的、献身知识追求的少数人呢?中世纪时候的人们都相信团体机能(corporate function)的委托(delegation),因此,沉思上帝的哲学家就可以起到代表并且代替绝大多数民众思考的作用,而绝大多数的民众则发挥着另外的团体机能。

我们这个时代的民众恐怕再也不会相信这种团体机能的委托了。在今天，他们也许会这样来说明科学与学术存在的正当性，也就是宣称，因为"科学是一种好东西"（这是一种真正决定了整个大众"科学"时尚的信仰），所以它必须在社会上有一个应得的位置，在这个位置上它可以自由地运作，也可以在没有接二连三的、必须出有用成果的压力的情况下碰碰运气。即便社会对此抱着足够坚定的信仰，可以压制它另外一方面的、难以抗拒的同化和集权化（assimilation and collectivization）势头，而不管这头同化与集权化的巨兽自己是否愿意尊重学术和科学的位置，即便在这样的时候，问题仍然是存在的。难道社会会愿意为一种超出它的理解能力，但在将来会发挥某些潜在用途的思维保留一个位置吗？

对真理的探求以及它与政治的关系

政治在大学里面有一个位置，但不是作为实际的政治斗争，而是作为一个科学研究的对象。在什么地方政治斗争侵入了大学，遭殃的只会是大学自身的理念。既然大学的存在和外在形式都要仰仗政治上的决定和良好意愿，那

第九章　国家与社会

么,在经过国家首肯可以超脱于国家干涉之外的大学的领地里面,就没有政治冲突和政治说教的位置,而只有真理探索的位置。

这就意味着,大学需要教学上的绝对自由。国家担保大学享有开展科学研究和教学活动的权利,而不必受党派政治的控制,也不必受任何通过政治、哲学或者宗教意识形态所传达的高压的控制。

学术自由不仅延伸到科研和思想领域,也延伸到教学领域。因为思想和科研需要挑战和交流,这要由教学活动来提供,而这接下来又要仰仗遍及全世界的学者和科学家的、按照他们喜欢的方式来言说和写作的自由。国家要坚决给予学者和科学家团体以便利,以便于他们可以开展那种长时期的双向交流,他们需要这种双向交流在所研究的课题上从其他学者那里获取可资权衡的观点。在人性、人的意识和人类历史的研究中,哪怕是最极端的学术可能性都要发挥到极致进行考察,这种考察不仅可以通过临时的、随意的和转瞬即逝的直觉形式来进行,也可以通过多数知识成果的那种有严格纪律约束的连贯性形式进行。只有这样,我们才能在学术品味低下的年代里保护好知识和文化的因素,这些因素,在比较恰当的时候能够再次化为更广大范围民众的灵感。

无论在什么地方,一旦有人将自己的个人存在与学术存在融为一体,学术自由就会证明自己的价值。他们将变成一个时代的代表性精神,在这个时代里,恰恰是他们对于历史力量的意识使他们从对自己时代的或明或暗的依赖中超脱出去。

从潜在的方面来说,所有人都能够进行沉思和反省。但是,有志于不惮烦劳献身学术工作的却只是极少数人。这少数人包括了所有需要进行大学学习的职业的从业者。能够机智而批判地对学术进展做出回应的,也只是这唯一的一群人。尽管对真理的探求不能够产生立竿见影的用处以嘉惠全体民众,但是就整个民族的立场来说,大众本身还是需要这种探求工作作为一个自由而长久的任务持续地进行下去。

不是每一个国家都对真理钟情到愿意保障学术自由的程度。根本不能想象会有哪一个连基本的道德和行为罪过都要急于掩饰的国家能够需要真理。它当然要仇视大学,它对大学佯装出来的友好只是为了到最后更好地破坏它。

学术自由意味着学生和老师的自由,他们可以用自己的方式进行研究,可以用自己认为适当的方式进行教学。

第九章 国家与社会

至于说到实际的研究课题,这个国家要留给每个人来自己处置。恰恰就是这一点规定了自由的界限,这个自由是国家保障大学不受任何干涉侵袭的,包括国家自己的干涉也不能侵袭。自由不仅是保证不受国家干涉的侵袭,而且这种保证乃是由国家自己做出,就这方面来说,学术自由与宗教自由类似。

学术自由只有在援引它的学者始终对它的意义保持清醒的情况下才能存在。它并不意味着一个人有权说任何他高兴说的东西。寻求真理是一个过于艰巨和庞大的任务,它有可能被误会成半吊子真理之间的、头脑发热的交流,这些半吊子真理是一时兴起脱口而出的。只有在学术目的和对真理的忠诚被考虑进来的地方,它才可能存在。现实的目标、教育上的偏见或者政治说教都没有权利援引学术自由为自己张本。

学术自由与宪法上言论自由的相似只是表面的。因为很容易想见,即便在宪法上的言论自由被取消以后,学术自由仍然可以存在。

大学院系的成员,除非是作为私人性质的公民,否则就不能援引宪法上的言论自由。当他们作为私人性质的公民说话的时候,他们不能期望他们在职业上所隶属的大学出面来支持他们。只有在与职业发表有关的事项上，他们才有权要求这种保护。而不是在那些与私下的政治言论、观点或者报纸文章有关的事项上。学术自由并没有赋予他们高于其他公民的特殊豁免权。它只是意味着一种除了学术上的彻底性、方法和体系之外，可以免受一切束缚的职业方面自由。它并没有赋予某个人权利可以就公共事务随意发表不负责任的言论。相反地，它倒是给一个人平添了一种责任：使他不得将类似的私下声明包裹在一种虚假的权威氛围之中，使他在做出这些声明的时候首先要加以双倍的谨慎。

当然，也存在着一个悠久的教授介入政治的传统。这个传统的主体并不十分值得称道。相反的事例是少而又少，并且也是异类。因为持不同政见而于1837年离职的有名的哥廷根大学七教授之所以会离开他们的教职，并不是因为他们在政治上不同意谁，而是因为他们发觉不能够使自己的宗教信念与对他们誓约的践踏行为相互妥协，而这个誓约是他们曾经对宪法承诺的。马克斯·韦伯是这条定律唯一的例外，也是不可模仿的例外。他的政治言论从本质上来说其实是他学术成就的组成部分。民主政治的同时代人为这些言论贴上了这样的标签，以为它们是"风雅高致的"

第九章 国家与社会

(high brow),是韦伯的听众们远远不能理解的。至于说到苏格拉底,在与斯巴达交战的二十七年间,他一次也没有介入过当时争论得沸反盈天的哪个事情中去,例外的一次是在阿吉纽西(Arginusae)战役以后,当时他一个人置身于某些团体之中,阻止违反宪法的投票,这次投票的目的是为了将拒绝出于大众压力的缘故而牺牲伦理原则并且拒绝让步的将军们判处死刑。[1]除了这唯一的一次例外,苏格拉底一生都在用一些指向人们最根本动机的问题刺探他身边的公民,因为这个,苏格拉底使得自己比最危险的煽动者都更加让人不安。

---

[1] 阿吉纽西战役,发生于公元前406年,交战的双方是斯巴达和雅典。这次战役的结果是雅典大获全胜。但是,雅典人在战役胜利后,没有按照当时的惯例立即救援落水士兵,而是发动大部分的战舰继续追击败北的斯巴达人,只留下小部分战舰实施救援任务。可是,由于突然而至的风暴,使得这两个任务都没有很好地完成。班师以后,将军们没有尽力援救落水士兵的事,就成为民众谴责的对象。后来在民众的强烈要求之下,负责主持民众大会的五百人团被迫违背宪法的规定,将指挥阿吉纽西战役的八名将军作为一个整体不举行听证而用一次无记名投票直接判处死刑。(而按照宪法,每个被告都有得到单独审讯和听证的权利,而且判决应该经过两次投票,第一次决定有罪或无罪,第二次在起诉方和被告方各自提出的一个刑罚中进行选择。)其中在雅典的六名将军被立即执行,他们的财产被充公,另外两名将军在得知消息后也逃亡。当时,苏格拉底正好担任五百人团的主席,他宣称绝不做违法的事情,离开了现场。——中译者注

如果在什么地方专家的知识与当前事务有关，那么学者和科学家也有发表见解的权利。他们可以把医学方面、技术方面和宪法方面的观点作为媒介，以此媒介来运用自己的知识。他可以系统地将自己的知识运用于当前任何一个在国家和社会眼中看来是重要的问题。他们使自己的贡献为人所感知的形式更多的是通过理性的推理，而不是个人性质的干预。他们的任务是重申证据，并且提供一个关于整个境况的清晰图景。他们可以自由地按照自己的意愿提供这方面的信息，尽管通常来看他们只有在回答直接询问的时候才应该说出来。但是，在实践中，每一个对于当前问题的回答似乎都要在许多抽象考虑的影响下有所偏向。就是这样的一些问题很容易被加到人们身上。当面临着由公众提给他的问题的时候，任何一个有眼光的学者永远都不应该忘记他距离赫贝尔（Hebbel）[1]戏剧中牧师的位置是何等近切，这个牧师被赫勒芬尼斯（Holophernes）告知去为一个已经做好的决定找出原因。

学术自由不是一笔财产，可以被一劳永逸地占有和享

---

[1] 赫贝尔（Christian Friedrich Hebbel, 1813—1863），德国著名诗人、剧作家。这里提到的戏剧很可能就是赫贝尔的著名五幕剧作《尤迪特》（*Judith*）。——中译者注

受。单单是内在于薪酬等级的经济方面的依赖性就隐含着一个对于教授道德信誉的潜在威胁。顺理成章地,教授们自然会去支持那些倾向他们并且给他们带来地位的社会条件;自然会去通过口说和笔写的言辞承认现存的情势,服务当前的政权。自从叔本华用他夸大其词的控诉指责那些领取国家俸禄的哲学教授们以来,接受公职的教授们一直就承受了过多的不信任。这种不信任,只有在采取自我批评的方式的时候,才可以认为是正当的。自从苏格拉底以来,极少有哲学家会认为有必要保持彻底的独立,拒绝无论何种形式的补助,这种状况的发生不是偶然的。

大学与民族

大学之理念,自从在古希腊时期发轫以来,一直都是西方传统(Western tradition)的组成部分。

作为一个公共投资的社会机构,大学属于国家;作为一个私人投资的社会机构,它毫无疑问是某个特定民族场景(national scene)的组成部分。在其中任何一种情形之下,它都是整个人类意志的表达。大学旨在寻求真理和人类的进步,它的目的是代表人类品性的精华。*Humanitas*

（人性）是它的命脉所在，不管这个词多么经常并且多么深刻地改变着它的含义。

　　这样说来，一方面，每所大学都是某个民族的组成部分，但另一方面，在民族性之上，大学又将目光专注于更高的目标。不管大学和教会之间有多少差别，但至少就这一方面来说，两者的理念是接近的。真正意义上的大学绝不可以在民族之间的对抗中有所偏袒，即便作为人类的一员，每个人都应该对各自的民族效忠。作为大学的一员，无论他是院系的成员、院系的首脑还是大学校长本人，如果他选择拉帮结派，或者去支持某个特定的党派，或者去支持整个的国家，那都是对自身位置的亵渎。他们服务于国家和人类的办法只有一个，就是通过创造性的学术成果。如果被外在的目的滥用，大学的理念就得遭殃了。民族主义和其他所有事情一样，作为一个科学研究的题目是正当的，但不能在根本上为大学本身提供指引。

*　　　*　　　*

　　要说的话我们已经说完了。从阐述科学的本质和支撑科学的学术生活这样一个意图开始，我们被引导着检视了

| 第九章　国家与社会 |

一下作为一种制度架构的大学。

不得不提出来加以讨论的林林总总的问题也许会掩盖所有问题之中最重要的一个,那就是作为高等教育安身立命之根本的大学的理想问题。这个理想不能被简化成少数几条直截了当的论断,而只能间接地提出来加以讨论。但愿我们已经变得比以往任何时候都更加意识到它的真实意义,但愿它作为一个标尺已经指引着我们衡量了大学生活的方方面面。没有一个感觉不到它生命力的人可以被强迫着看到它。除非是以共识作为基础,否则讨论就没有结果,既然如此,所有我们已经做过的,就只是在一个崭新的视野下提出某些众所周知的事实。

我们已经深深地被这个赋予我们生活以意义的理想迷住了;但是我们却缺乏必要的、以一种这个理想分所应得的激情说出这个理想的勇气。我们知道,挣扎于我们身边以期被发觉和承认的真理,会永生,或者也会枯萎,那要看我们是否具备这样的能力,在各种变动不居的形式中将大学的理想化为现实。

图书在版编目（CIP）数据

大学之理念 /（德）卡尔·雅斯贝尔斯著；邱立波译. —北京：商务印书馆，2022（2023.7重印）
ISBN 978-7-100-20811-6

Ⅰ.①大… Ⅱ.①卡…②邱 Ⅲ.①高等教育—研究—德国 Ⅳ.①G649.516

中国版本图书馆 CIP 数据核字（2022）第035548号

权利保留，侵权必究。

大学之理念
（德）卡尔·雅斯贝尔斯 著
邱立波 译

商务印书馆出版
（北京王府井大街36号 邮政编码100710）
商务印书馆发行
山东临沂新华印刷物流
集团有限责任公司印刷
ISBN 978-7-100-20811-6

2022年7月第1版　开本 787×960　1/32
2023年7月第2次印刷　印张 6¾
定价：48.00元